Money

パパッと楽しく、貯め上手

わたしの「お金」ルール

GU

docomo
13:53
戻る
リスト
オプション
リスト
グラフ
車関係
¥ 5,344
日用品
¥ 5,938
整体
¥ 10,000
支出合計
¥ 115,836
出力
年
週
日
棒グラフ

Contents

わたしの「お金」ルール

Part 4

Part 5

Column

Rule 1

自分にとって大切なモノ・コトを見極める

あなたの暮らしにとって大切なものは何ですか？
快適なおうち、毎日触れて長く使う家具、
気分を上げてくれる洋服、
日々の健康を支える食、家族との時間……
自分にとって大切なものを知り、
お金をかけるべきところと
かけないところを決めることが、
メリハリをつけたお金の使い方につながります。

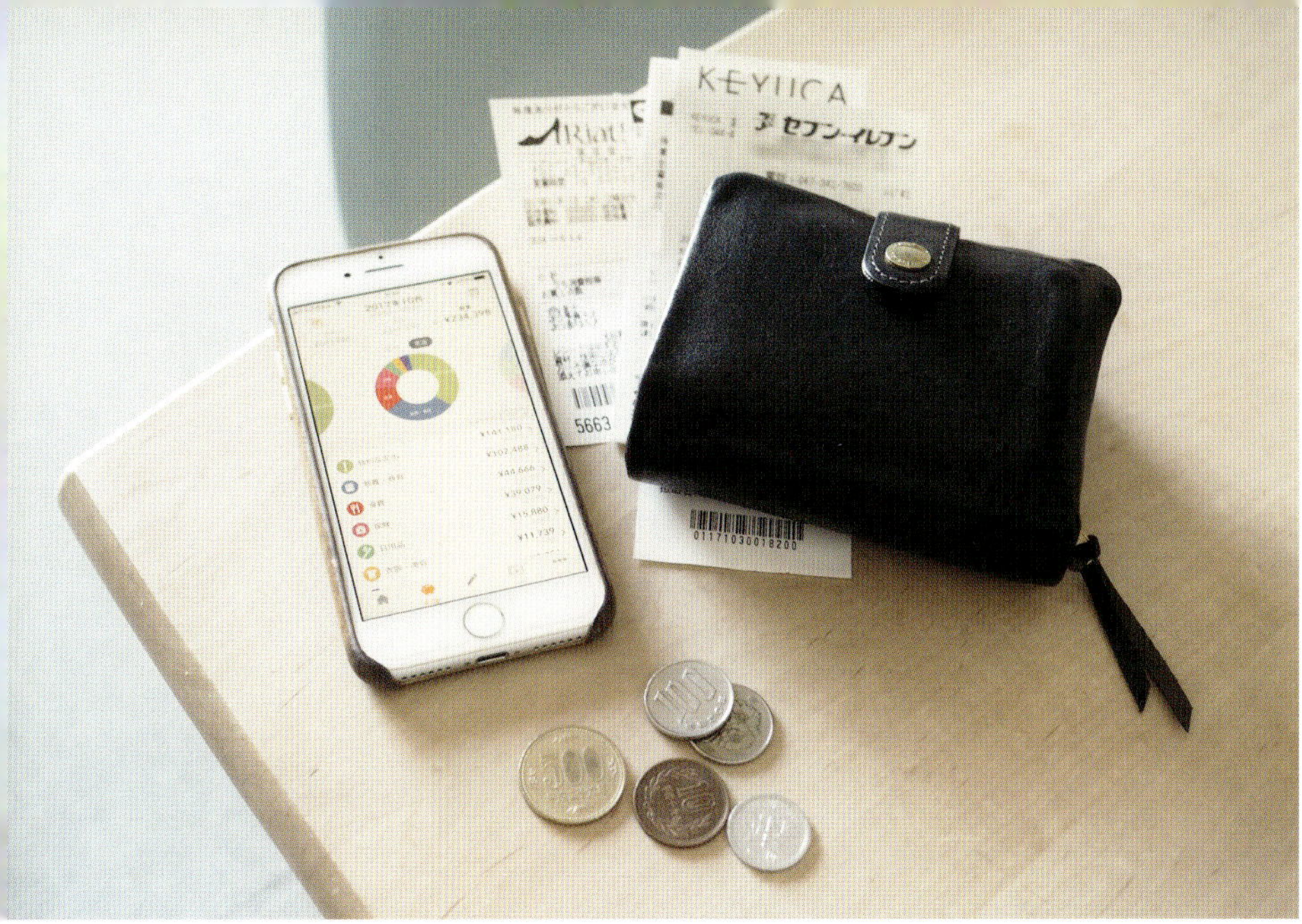

Rule 2

家計管理はラクに続く方法で！

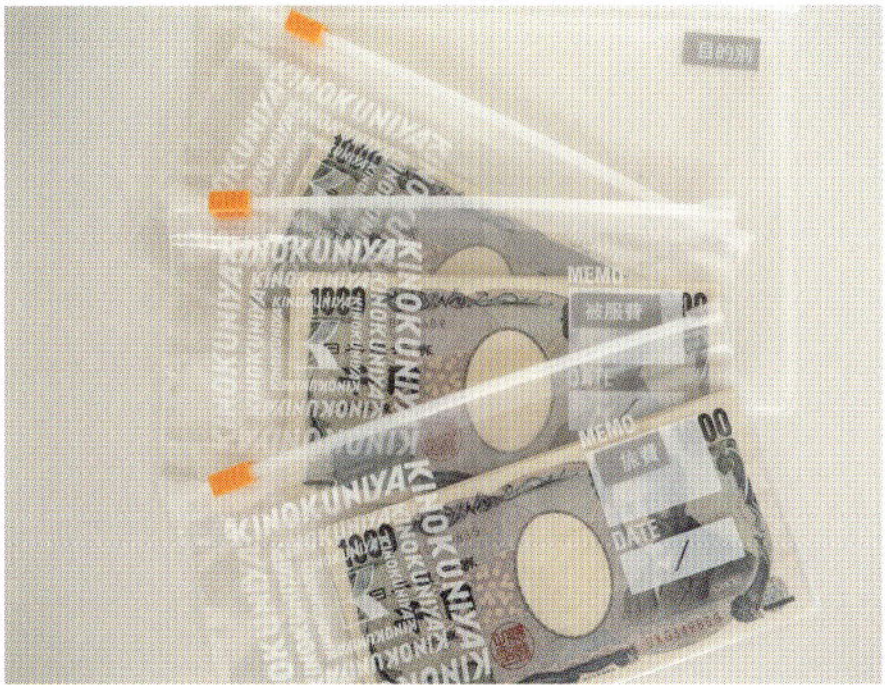

自分のライフスタイルや性格に合っていない
ムリな家計管理や家計ノート付けは、
最初だけで終わってしまいがち。
全てを完璧にしようとしたり、
とにかく細かく記録しようとするのではなく、
何を把握したいのか、
何のためにお金を貯めたいのかを考えて、
自分に合った方法を見つけることが大切です。

パッと見はお得に見えても、
実際はいらなかったり、
使い切ることができなかったり、
質がよくなかったり……。
目先の価格ではなく、
トータルで考えることで、
ムダなく豊かに暮らすことにつながります。

Rule 3 「安いから」で買わずに、トータルで考える

Rule 4 楽しく続けられる工夫をする

貯金や節約は、我慢やケチケチするだけでは
気持ちもしんどいし、
続かなくなってしまうもの。
楽しみながら、コツコツと続けられる
工夫をすることが大切です。
達成感を得られるような仕組みを作ると効果抜群！
毎日をごきげんに過ごすものを用意すれば、
贅沢しなくても楽しく過ごすことができます。

お財布を整えて
お金の流れをすっきり

Rule 5

お財布を整理して、
「いつのまにかお金がない」
というモヤモヤからはもう卒業。
週ごとに使うお金だけを入れたり、
余計なカードを処分したり、
家計用とお小遣い用に分けたり……。
「なんとなくお財布に
お金やカードを入れておく」をやめると、
浪費を防止でき、
お金の流れがすっきりします。

Rule 6

不用品は上手に処分して、本当に必要なものを買う

自宅にあるたくさんのいらないものは、
フリマアプリや宅配買取を上手に使いましょう。
不用品を手放して、その分、
本当に必要なものを少しだけ買うことで、
おうちのスペースにゆとりが生まれる上に、
質の高い買い物につながります。

Policy

みんなのお金と暮らし哲学

お金と暮らしは切っても切れない関係。本書に登場する方々のうち6名に、「お金と暮らし」について、どんなふうに考えているのかを伺ってみました。

「もしかしたら使うかも」にはお金を使わない

akikoさん

私自身はあまり細かく節約したり、お金を管理したりするほうではありません。一方、お金の使い方で意識していることは、お金をかけるべきところには思い切って使い、逆に中途半端なものには使わないということ。「もしかしたら使うかも」「一応買っておこうかな」というモノはできるだけ買わないようにして、確実に必要なモノをその時必要な分量だけ買うようにしています。

メリハリをつけて気分よくお金を使いたい

▼ie__yさん

お金は「使うもの」だと思っています。どうせ使うなら、自分の生活を豊かにするために、「お金をかけるところ」と「お金をかけないところ」をメリハリつけて、気分よくお金を使いたいなーと日々思っています。

お金を貯める方法はいろいろ！好奇心を持てる方法で

hanaさん

私のお金ルールは「私自身が笑顔でいること」！お金を貯める方法は、本当にたくさんあるので、自分がやりたくない方法は無理してやらなくていいと思います。自分の好奇心から始めたことなら、やっていくうちにどんどん自分の知恵が増えていきます。お金は生涯を通して、自分と切っても切れない関係のもの。真剣に向き合って損はない分野です。自分のお金の使い方に自信が持てると、毎日がとても楽しいです！

購入時は、それは必要なモノか、欲しいモノかを問いかける

hana.ienoteさん

家族にとって大切なことは何かを常に考えながら、お金を使う時は潔く、無駄と思うモノにはお金を使わないという暮らしが理想です。そのため、購入の際は常に「それは必要なモノか、それとも欲しいモノか」、needとwantを考えてから購入します。必要なモノはすぐに買いますが、欲しいモノはよく考えています。

小さな家への引っ越しを機にストレスフリーな節約ライフ

ピノ子さん

暮らしも家計もコンパクトに。以前よりも小さな家に引っ越したことで、支出を減らすことができました。我慢ばかりの節約ではなく、一度削れば自動的に節約できる固定費の節約に力を入れています。シンプルな暮らしを目指して、不用品を断捨離中です。

家族の暮らしを豊かにするため暮らしとお金を整える

mikikoさん

暮らしが整えば、お金も整う。お金が整えば、暮らしも整う。私の場合、家の中が散らかっていたり、家計簿をつけられていなかったりすると、生活に余裕がない証拠。そんな時は、疲れていても暮らしやお金を整えていくことで、気持ちに余裕が生まれ、スッキリと前向きな気持ちに。家族の未来ばかりを心配して今の家族を見失わないようにしたいと考えています。それができるのは母である私だけ。家族の暮らしを豊かにしたいという使命感に燃え、責任感を感じながら家計管理を楽しんでいます。

Part 1

我が家の暮らしとお金ルール

マキさん 01

必要なものを見極めて
食や子どもの未来に投資

profile

シンプルライフ研究家。広告代理店でテレワークをするワーキングマザー。不要なものは持たない、不要な家事はしない、シンプルな暮らしぶりを綴ったブログ「エコナセイカツ」が人気を博す。著書多数。全国での講演やアパレルブランドとのコラボ商品の開発など、幅広く活躍中

必要のないものは処分

引っ越す前の家ではリビングにソファーやローテーブルなどがあったのですが、すべて処分。ソファーの用途が背もたれとなり、「いらないかも」と思った時点で、業者に引き取ってもらうことに。大型家具を処分すると部屋が広くなり掃除もラク！

自分の暮らしに必要かどうかを見極めた！

＼ 調理より素材を大切に ／

食べ物には お金をかける

素材が良ければ、濃い味付けにしなくてもシンプル調理で十分においしい。体にもよく、料理の時間も短縮できるので、多少高くても新鮮で素材本来の持つおいしさを感じられるものを選んでいます。

食費と教育費にはしっかりお金をかける

我が家でもっともお金をかけているのは、「食材」と「教育費」。体を作る食べ物は、できるだけ無添加でよい素材を。生活クラブでの購入が8割、あとは実家から送ってもらった野菜、外出時に道の駅で買った朝採り野菜など。スーパーは足りないものを買う程度で、あまり使いません。できるだけ生産者がわかり、安心・安全なものを選んでいます。調理時の手間や光熱費、調味料の量、医療費など、トータルで見ると、高品質なものを選ぶほうがよいと考えています。教育費は、いろいろな習い事をやるのではなく、子供自身がやりたいものを厳選。教育費は「未来への投資」だと思っています。

MONEY

家への投資はせずにライフステージごとに引っ越し

財布は夫婦別々に管理 大物は夫、小物は私

共働きの我が家では、夫と私はお財布が別々。夫は家賃、光熱費、外食代、車検やガソリン代などの車関係、大きな家具、クレジットで引き落とされる習い事のお金などを支払い、私は生協などの食費と雑貨をはじめ、現金で支払うもの全般を支払っています。

また、我が家は「家への投資」はしていません。子どもの成長とともに理想の間取りも変わってくるので、ライフステージが変わるごとに生活に見合った部屋へ引っ越しています。今は子ども達の勉強はリビングで、寝る時は4人一緒に寝ています。次の引っ越しは、子ども達が大きくなり、部屋を欲しがった時かなと思っています。

マキさんのお金のヒストリー

年	
2007	結婚。夫婦２人だったので仕事帰りにコンビニ、外食でほぼ自炊はしていなかった。
2008	出産。初めての育児が不安で、赤ちゃんグッズにお金をかける。メディアに流されるまま、ベビーグッズや離乳食、石鹸も赤ちゃん専用にモノを購入。
2009	仕事復帰。無計画なままお金を使う、加工品オンパレード期。とにかく素材よりも時短。添加物も気にせず、菓子パンに味付きヨーグルト、調理済みの冷凍食品、市販のドレッシングなど。ドラッグストアや１００均が大好きで、新商品が出るたびに魅力を感じ、ＣＭや雑誌のオススメなど最先端の情報に流されていた。
2012	２ＬＤＫのメゾネット倉庫付きから１ＬＤＫの狭小部屋に引っ越し。軽トラ１台分の不用品を手放す。
2013 / 2014	２人目妊娠。産休・育休のため収入ダウン。お小遣いが減る。お金について真剣に向き合い、家事やお金の使い方について見つめ直すいい機会になる。２０１３年から２０１４年にかけて家の整理開始。
2016	引っ越し。子どもが小学生に上がり、１ＤＫで手狭になったため。買い物に行くお金や時間を省きたくて生協を始める。素材を活かした料理に目覚める。

食材や日用品などを買うための現金は、月ごとに下ろします。ただし、お財布に入れておくお金は1週間で1万5千円と決めていて、余分なお金は持ち歩きません。残ったお金は貯金に回します。

マキさんの家計ルール

現金は1カ月分まとめておろし、1週間単位で管理

以前使っていたジャバラ式のお財布。1カ月分の現金を1週間ごとに分けてお財布へ。1カ月は大雑把すぎるし、1日単位では細かすぎる。1週間単位ならお金の動きが見えやすく、使いすぎた場合は週の終わりに調整できます。

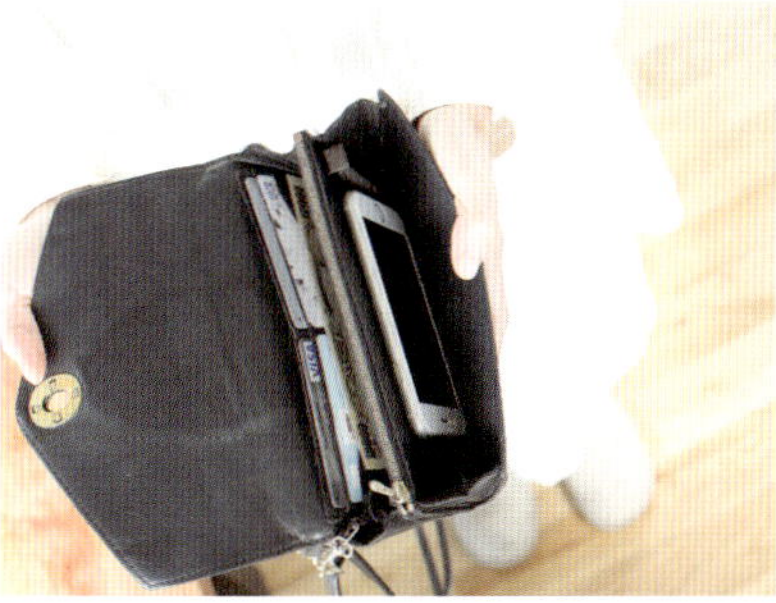

今は感覚が身につき普通のお財布に。肩から下げられるので買い物の際、両手で荷物を運べます。中には数枚のカードとポイントカード、現金、スマホと口紅を。ポイントカード類が多いと財布が膨む上に、探すのが大変です。

料理

朝食はシンプルにして用途が1つしかない調理器具は処分

朝、焼きたてのパンを食べるためのホームベーカリー、バナナジュースを作るミキサー、長方形の卵焼き器……。結局、用途が1つだけのものは使う頻度が少なく、洗うのも大変。すべて手放しました。近所においしいパン屋があるし、バナナを食べて牛乳を飲めばいいし、卵料理はゆで卵でいいかなと(笑)

LIFE 暮らしのルール

ミネラルコスメでお肌の調子も良好

スキンケアはシンプルに。石鹸で落ちるミネラルコスメを使うようになってから、肌の調子がとてもよいです。必要以上にクレンジングしなければ、与える潤いも最小限ですみます。

メイク

部屋

生活に彩りをプラスする植物は長持ちする枝ものを

家具やモノが少ないと、飾るものが厳選されて際立ってきます。子どもたちに季節を感じてもらいたくて、植物は欠かせません。花だとすぐに枯れてしまうので、枝ものをチョイス。2週間〜1カ月くらいもちます。

掃除

掃除用具は少なく

掃除のためにさまざまな洗剤や道具を買うと、お金がかかるばかりか、場所もとる上に道具自体のメンテナンスが必要になります。掃除機はスリムなタイプを1つ、拭き掃除は雑巾1枚、洗剤は炊事・洗濯・掃除のすべてに使えるものを使ってシンプルに。

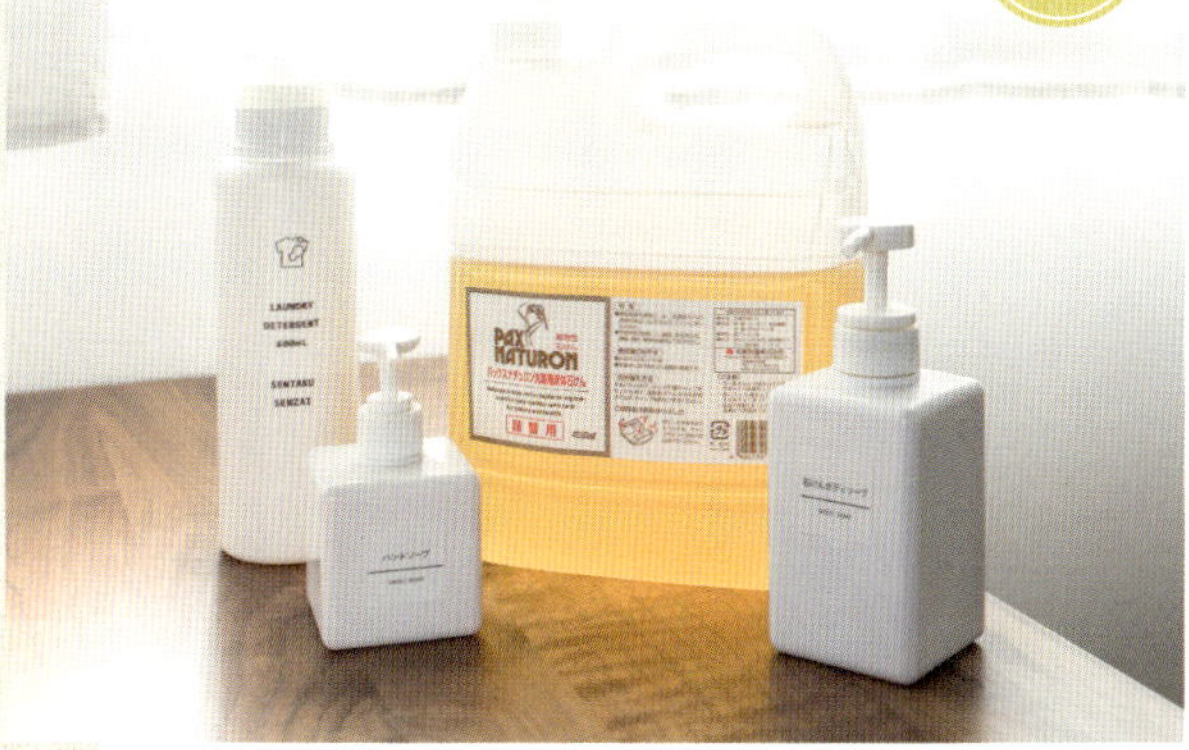

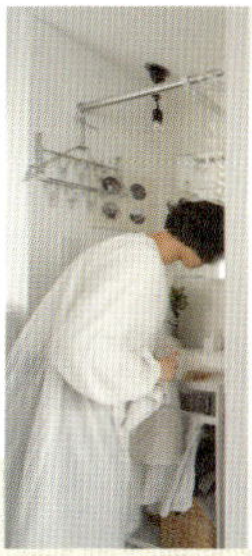

料理

食材を長持ちさせる

生協の食材は1週間に一度。冷蔵庫が小さいので、野菜室に入らない野菜は新聞紙や広告に包んで段ボールに入れ、外に出しておくと、1週間くらいもちます。白菜やキャベツなどは、スパッと包丁で切らずに1枚1枚はがす手間が腐らせないコツ。

LIFE 暮らしのルール

食は目先のお金ではなくトータルで考える

生活クラブの食材はぱっと見の価格だけを見てしまうと割高に感じますが、グラム数・調味料・ガス代・水道代・医療費など、トータルで考えてみると家計的には安く済みます。また、高品質なものがお手頃な価格で手に入ると思っています。

料理

料理

体のために調味料は自家製で作り置き

健康は何よりの財産だと思っています。市販の調味料は、保存性を高めたり口あたりをよくするために、少なからず添加物が入っているので、よく使うものは手作りを。めんつゆ、甘酢、ポン酢、だし醤油、ゆず胡椒など作り置きしています。

＼ マキさんのモノ選び&買い物 ／

ドラッグストアには行かない

さまざな新商品が並ぶドラッグストアに行くと、つい余計なものを買ってしまいます。消耗品は絞り込んでネットで購入し、できるだけ店舗に足を運ばないように。目的ではないものにお金を払う流れをなくします。ムダな場所へ行かず、ムダな買い物もしない。結果、ムダなもののない我が家に。

好きな理由を突き詰める

不要なものを捨てる過程で、自分に必要なものが何かを学びました。捨て続けた結果、残ったものこそ、好きなものです。なぜ好きなのか、触り心地なのか、使い勝手なのか、理由を突き詰めることで、買い物による失敗がなくなります。

洋服はブランドを決めて買う

さまざまなブランドの洋服を買うと、組み合わせが難しかったり、お店ではよいと思ったのにしっくりこなくて着なかったり。私は好きな2ブランドに絞り込み、行きつけの店を作っています。同じブランドならどんな洋服でも組み合わせられるし、店員さんのアドバイスも聞けるので一石二鳥。

Rin さん 02

夫婦で得意なほうが家計担当！年単位で管理し心にゆとりをもつ

profile

2LDKマンションで夫と2人暮らし。マンション4LDKを2LDKにリフォームし、断捨離やDIYを進行中。ミニマリストではないけれど、シンプルですっきり暮らすために日々工夫を重ねる。整理収納アドバイザー1級。ライブドア公式ブロガーとして「Rinのシンプルライフ」を運営。著書「心地よく暮らす大人のラク家事」(KADOKAWA)。
Blog　http://www.rinsimpl.com/　　Instagram　@rin_happy123

必要かどうか、ひと呼吸置いて考える

たとえばコンロ下に調味料を入れるスタイリッシュなファイルボックスが欲しい。でも、そこで「その後」を考えると、汚れたら洗わなければいけないし、誰も見ないので紙袋でよいのでは？と買うことを思いとどまるように。

その収納用品は本当に
必要なもの？

＼ 好きなものが明確になる！ ／

モノを減らすことで
お金をかけるべきことが
見えてくる

私はミニマリストではないので、見たり使ったりすると「気分が上がる」ものにはお金を払ってよいと思っています。モノを減らすことで、よりお気に入りが引き立ち、自分の好きなものが明確に見えてきます。

家計は夫婦で1つに集約「得意な人」が管理する

2016年に娘が社会人になり、仕送りがなくなったことをキッカケに、老後に楽しむためのお金を見直すことに。共働きの我が家は、夫婦別々のお財布で家計費として30万円を折半していたのですが、その時はじめて、夫に貯金がないことが判明！ これでは老後のお金の管理が不安だと思い、夫はお小遣い制に切り替えて、私が管理するように。また、娘が一人暮らしになったことに伴って部屋の見直しを行い、徹底的に不要なものを減らしました。たくさんのモノを捨てたことで、長く使えるモノ、買ってもムダになるものが見えてきたように思います。

MONEY

細かいお金の管理は負担に！「ざっくり管理」が長続きの秘訣

支出は年間で管理し月単位で一喜一憂しすぎない

お金の管理は「ざっくり」が長く続く秘訣だと考えています。以前は、レシートを見ながら市販の家計簿をつけて、1円でも合わないとイライラしていました。そこで、細かい現金出納帳はやめて、1年間でどのくらいのお金が出ていくかを、ざっくり計算する方法にしました。年間を通じて必ずかかるお金は、月ごとの支出で一喜一憂せず、年間で見ることで「支出の多い月もあれば、少ない月もある」とゆとりをもって構えることができます。現金支出はスマホアプリ「おカネレコ」にレシートを見ながら入力。自動的に1カ月の合計金額が出るので、それを月1回、エクセルデータに書き写して支出をまとめています。

Rinさんのお金のヒストリー

年	
2007	マンション購入、引っ越し。モノにあふれていた時期。夫婦で30万円を家計費として折半に。
2008	
2009	
2010	
2011	
2012	
2013	娘への仕送り開始。やりくりが大変に。
2014	
2015	娘の独立を見据え、部屋を見直したくて整理収納の資格を取得。
2016	娘への仕送りが終わる。夫に貯蓄がないことが判明し、お小遣い制に。
2017	お金の管理を年間のざっくり計算に変更。

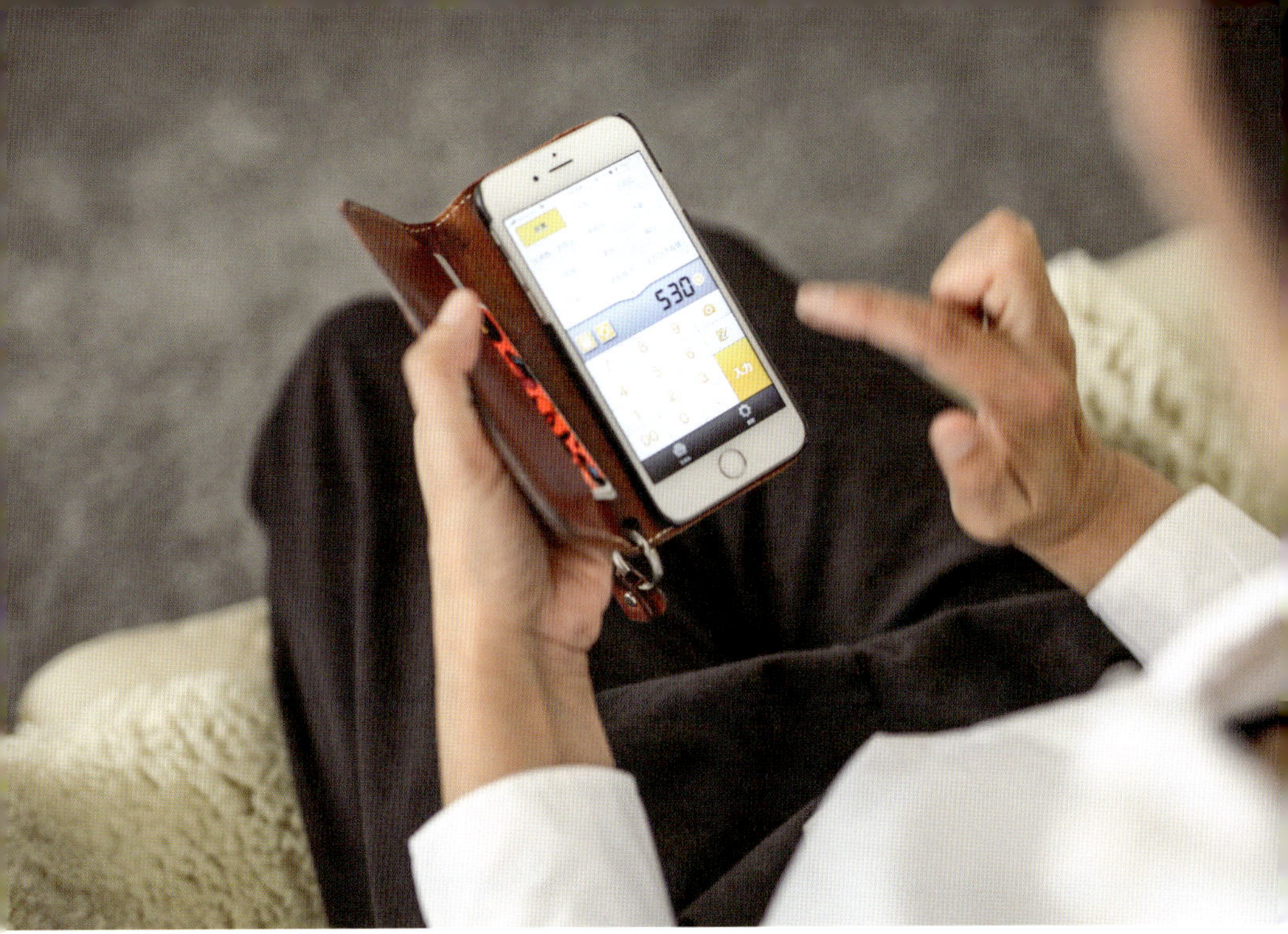

家計管理は作業が多いと続きません。スマホアプリなら電卓をたたく必要ナシ。ざっくり1カ月の支出を把握すれば年間支出もわかり、ひいては老後の生活にどれくらい必要かも明確に。

Rinさんの家計ルール

スマホアプリに入力したお金は月1回、支出をエクセルに転記するだけ

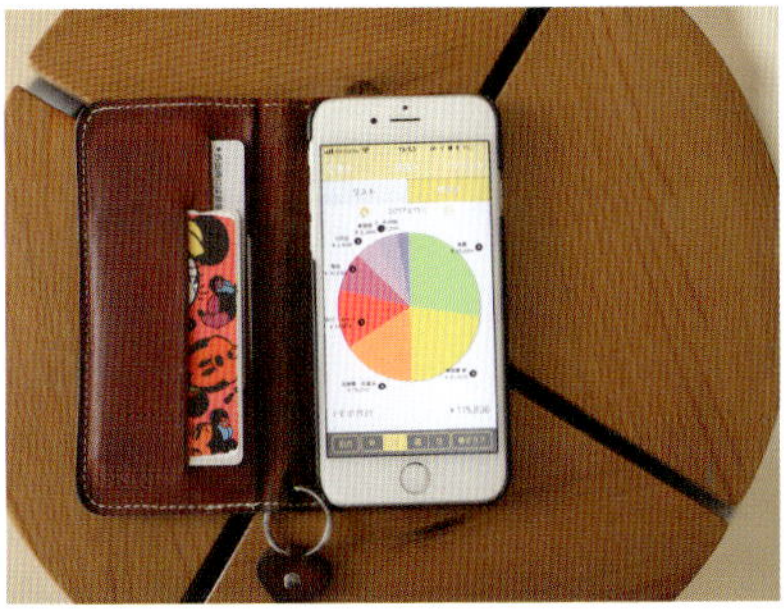

以前は課金制の家計簿アプリを使っていたのですが、銀行とつながるタイプのものだったため、複雑な設定が難しく、現在はシンプルな「おカネレコ」というアプリを使っています。

光熱費を1年間つけて月で割ってみると、我が家の場合は2万円程度だとわかりました。その他、年間で交際費20万円、被服費15万円、旅行費17万円を予算として計上しています。

財布

ポイントカードとお財布は別々に

買い出しは週に1回、車で行くことがほとんどなので、ポイントカードや割引券など車に置いておいても安心なものはお財布と分けて、車に置いておけば忘れません。お財布もスッキリスリムな状態をキープ。

LIFE 暮らしのルール

料理

時短レシピを活用

夕飯には極力時間をかけたくないので、副菜は作り置きしておき、メインのおかずだけ作ります。必ず冷蔵庫にあるのは鳥ハム。塩と砂糖を同量入れた水に、胸肉を入れて沸騰したら表5分、裏5分を弱火でゆでておくだけ。パクチーとナンプラー、三つ葉とめんつゆで和えれば立派なメインに。煮た後のゆで汁はスープにも。

買い物

大袋は買わない

夫婦2人暮らしでは、大袋を買うと賞味期限が切れたり風味が落ちたりして、使いきれずに捨てることに。調味料は小分けのものを買い、使いきるようにしています。

掃除

モノを使いまわす

お菓子の乾燥材は、靴の中に入れて湿気とりに。つけ置き洗いに使った酸素系漂白剤入りの水は、寝る前にトイレに流して一石二鳥。捨てるものにもう一度使う場所を与えることで、お金をかけずに整います。

健康にはお金をかける

ムリをすると、あちこちにガタが出る年齢です。老後を楽しく暮らすために、健康管理は大切。月に1度は体のリセットのために整体を受けたり、柿の葉茶やごぼう茶は国産のいいものを常飲したり気を付けています。常用薬は飲み忘れないようテーブルの下に。

健康

Column

出汁や具を使いまわして節約時短料理!
Rinさん直伝♪ おでんリメイク3品レシピ

味がイマイチだったり手間がかかる節約料理は続きませんよね。
そこでオススメなのが、残り物の出汁や具をリメイクした節約時短料理。
ここでは、Rinさんにおでんのリメイク術を教えていただきました。

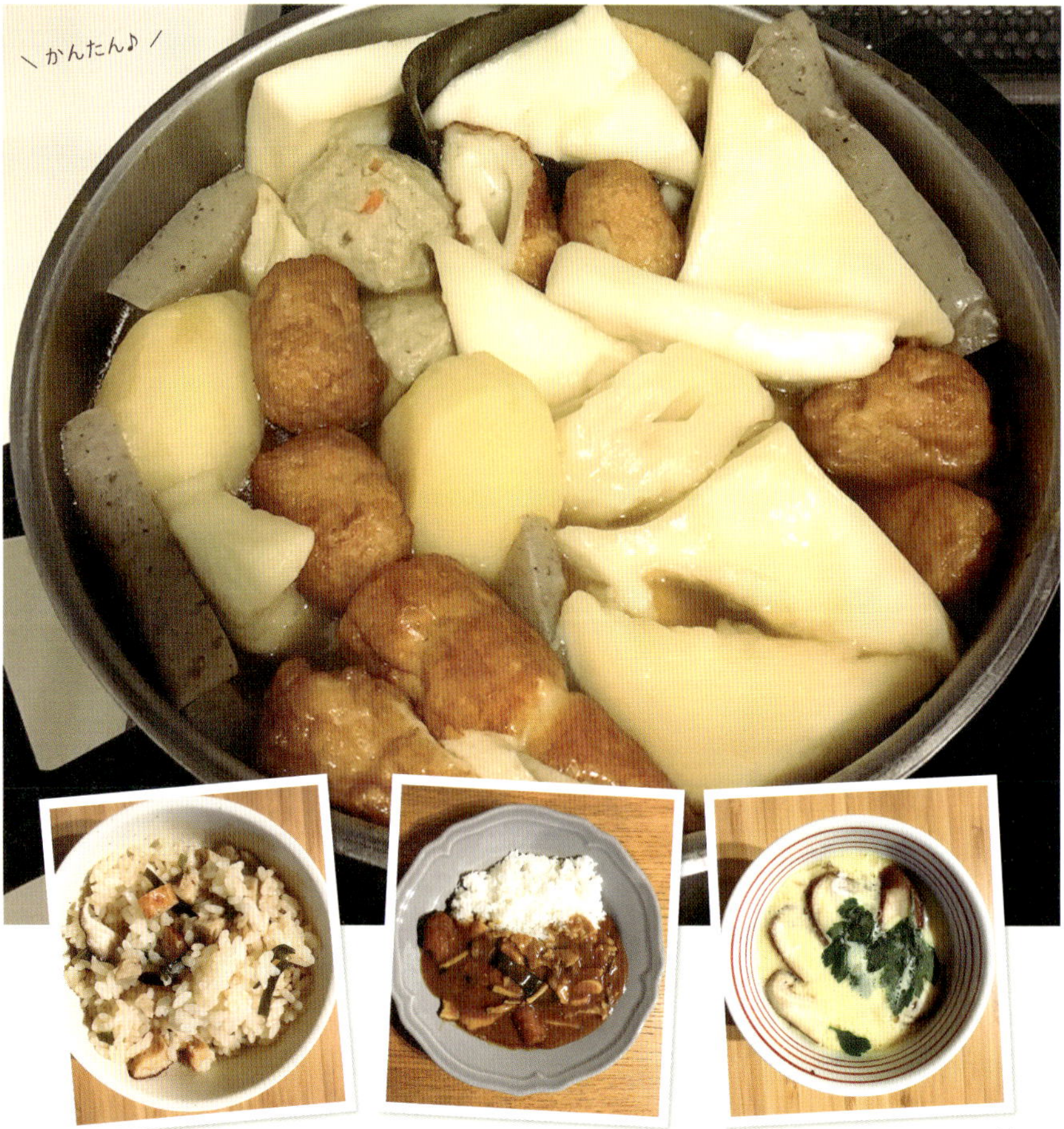

おいしい!

準備 おでんは普通に作ります。2人家族にしては多い量をあらかじめ作ります。ちなみに、私は創味のつゆが好きで長年使っています。

remake 01

茶碗蒸し

❶ おでんの具を小さく切る(今回は椎茸と三つ葉を足しました。家にある野菜や鶏肉を入れてもOK)

❷ おでんの出汁1カップに対して卵1個を混ぜる(泡立てない)

❸ 茶碗蒸しの容器に❶を入れて❷を注ぐ(こしたほうがきれいですが、今回はやっていません)

❹ 蒸し器で蒸す(容器にもよりますが、強火で3分、弱火で10分やりました)。三つ葉は弱火にしたあとに入れるときれいです。蒸す時に火が強いと、すが立つので蓋を少し割り箸で開けています。

remake 02

炊き込みご飯

❶ おでんの具を小さく切る(今回は椎茸としめじを足しました)

❷ ご飯を研いで、水の代わりに出汁を入れる(水加減は通常通り)

❸ ❶を入れて普通に炊く。おでんの出汁の濃さによって、味が濃ければ水で薄める(今回はそのまま出汁だけ入れました)。私は鍋で炊いていますが、炊飯器でもOKです。

remake 03

カレーライス

残ったおでんにカレー粉を入れるだけ! 具の大きさは好みで切ってもOK。我が家では、大きなじゃが芋もおでんに入れるのですが、全部食べずにカレー用に残しておいています。

中山あいこさん 03

身の丈にあった暮らしで
価値あるものには投資する

profile

岐阜県出身、東京都在住、ライブドアブログ公式ブロガー。ライフオーガナイザー®。“ずっと、心地のよい暮らし”をテーマに活動。家事も子育ても仕事も楽しむことがモットー。家族は息子(12歳)、娘(2歳)。

家具は長く使えるものを

本当に長く使えるもの、多用途に使える家具を吟味して、必要以上の家具は買わないようにしています。ソファや机は高さやユニットを変えられるものを選び、ライフスタイルの変化に応じて臨機応変に調整できるものを選んでいます。

ライフスタイルが
変わっても使える！

自己投資にはお金をかける

横山光昭さんのセミナーで、お金の使い方を「投資」「浪費」「消費」の3つに分けて考えることを教えていただきました。このうち、自分の知識や技術になる「投資」の割合をもっと多くしたいと考えるようになりました。

お金の使い方は3つに分ける

投資　浪費　消費

↓

「投資」は未来の自分につながる自己投資を指す。金融商品への投資に加え、貯金や勉強などの出費も含む

食にお金をかける一方、光熱費や被服費は節約

自分なりの価値観を持ち、節約できるところと、お金をかけたいところを明確にして、メリハリのある使い方を心がけています。節約するのは、主に光熱費や被服費、美容費など。お金をかけたいのは食費です。食べることが好きなので、食事の質を落としてしまうと、心が不満を感じて楽しく暮らせないばかりか、健康も損なってしまうからです。一方、光熱費はムリなく節約できます。冷暖房はあまり使わず衣服で調整して、月に1万円を超えることはほとんどありません。身の丈に合った暮らしかどうかを考えて、そこに価値を見い出せたものには、お金をかけたいと思っています。

MONEY

将来の自分のためにコツコツと資産を形成

NISAを利用して少しずつお金を育てる

これから長い人生を生きていく将来の自分のために、なるべくリスクを抑えながら、少しずつでも資産を増やしたいなと思っています。そこで2014年から、NISA[※1]を利用し投信積立を始めました。銀行預金の利子や投資の利益に対して、通常は20%の税金を納めなければいけないけれど、NISAを利用すると、一定の投資金額枠内であれば利益にかかる税金が非課税に。そこで、この先何年もの間使う予定のない貯金の一部を投資信託に回し、コツコツと資産形成を目指しています。通算すると、今のところ順調に増やすことができており、これからも続けていく予定です。

※1：少額投資非課税制度。2018年1月からは「つみたてNISA」もスタートしている。

※投資信託には元本割れの可能性があります。ご自身で調べて内容を理解した上でご判断ください。

中山さんのお金のヒストリー

2000年
18歳。上京。洋服に興味があり、たくさん買っていた。お金を貯めようとは思っていない時期。

2004 2005
第一子妊娠。貯金が50万円しかない！ 出産・子育てにお金がかかることに気付き、考えを改める。子ども名義の口座を作り、積み立て開始。自分もお金を貯めはじめる。1円でも安く大根を買いたい時期。

2006
仕事復帰。長く愛せるよいものを使いたいという考えになり、料理をしやすい調理用具を探してジオプロダクトの鍋を買う。

2007
投資関係の会社に転職したのをきっかけに、FX、外貨預金を経験。

2014
NISA口座を開設。

2015
第二子出産。8年務めた会計事務所が急きょ廃業。

2016
家事の本を出版後、片付けの知識と技術をもっと深めるために、ライフオーガナイザー®の資格取得を決意。自己投資のためにはじめて大きなお金を使う。

2017
ライフオーガナイザー®の資格取得。独立。

時間も収納も、そして家計の予算も、いっぱいまで使い切るのではなく、全体の7〜8割ぐらいを目安に、意識してゆとりを持って使っていきたいです。

中山さんの家計ルール

通帳を現金出納帳替わりにする

	お引きだし金額(円)	お預け入れ金額(円)	残高	
2-10	8,000		息子習い事	520,000
2-10		20,000	○○出版 原稿料	540,000
2-10	5,400		セミナー参加費	534,600

ここはエンピツ書き

同じ日の出入金もまとめて入金せず案件ごとにお金を記帳することで出納帳がわりに

手取りのお金も一度預け入れして記帳する

銀行の通帳に支出や収入の内容を鉛筆で書き込んで、家計簿代わりにしています。金額をまとめて出し入れせず、目的ごとに必要な額を出し入れすることで、電卓をたたかなくても記帳され、家計簿をつける手間が省けます。

カード類は極力減らし、お財布のなかはすっきりと。ポイントカード類は、アプリを使って一元管理することで、かさばらず忘れることもありません。お財布には通帳を入れて、いつでも記帳できるようにしています。

洗剤は1つにまとめる

我が家では松の油とヤシなどを原材料とした「えがおの力」という洗剤を使っています。これ1つで、洗濯、掃除、炊事のすべてに使えるので、余計な洗剤を買うことがなくなりました。ゴミも少なく、環境に優しいのも気に入っています。

洗濯

LIFE
暮らしのルール

残り物にプラスして時短・おいしい料理

朝の残りのお味噌汁に、具をたくさん入れた「足し算味噌汁」は、夕飯に欠かせない一品。残りもののお味噌汁は野菜の味がなじみ、おつゆ自体もおいしくなっています。ここにお豆腐やワカメを足せば、具だくさん味噌汁の出来上がり。

料理

料理

食材と調味料はよいものを取り寄せ

食材はパルシステムとネットをよく利用します。調味料は、できるだけ安全で美味しいものを。米と米麹と酒粕の料理酒、三河の有機みりん、国産有機醤油、伊豆大島の塩を取り寄せています。

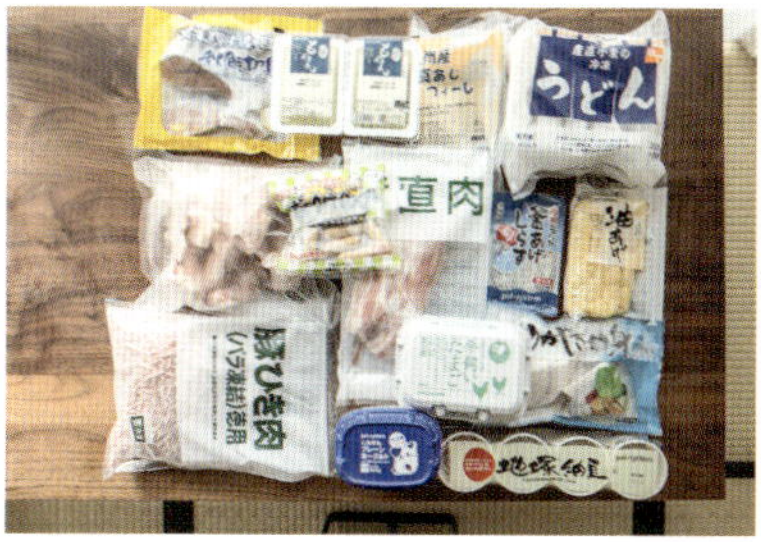

料理

手作り食材で豊かな食卓

味噌に梅干し、らっきょう、手作りが大好きです。中央の写真は左から梅酒、梅干し、らっきょう漬け。旬の果実をジャムにしたり、梅雨時には梅ジュースなどがあり、食卓が豊かに。取材日に解禁した味噌は、ふわっと香りが漂いよい出来でした。

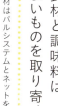

モノ選び

修理して長く使えるものを選ぶ

鞄や靴は、修理して長く使えるものを選んでいます。この茶色の革の鞄は、内側の布が破れたので張り替え、ショルダーベルトも修理して10年以上使っています。年月とともに味わいが出るものを選べば、古さも味わいに。

家具

お気に入りの家具にはお金をかける

家具は「これ！」という長く愛せるお気に入りに出会えるまで探します。このシャンデリアは何年も探して出会ったイギリスのアンティーク。

メイク

メイクはシンプルに

スキンケアは数百円の化粧水1本。メイクアップは石鹸やお湯で落ちるミネラルコスメなので、クレンジングは使いません。スキンケアをシンプルにしたら、肌のトラブルも減っていいことづくめです。

Part 2

暮らしを回す 家計管理&ノートのルール

予算管理、食費、貯金簿、特別支出、お小遣い、子ども費…

みんなの家計管理ルール

「家計簿が毎日続かない」

「買い物をするたび、無駄遣いじゃないか不安になる」

「忙しくて細かく管理しきれない」

「気が付くとお金がなくなっている」

そんな悩みをよく聞きます。

お金はとても大切だけど、ケチケチしたり、
我慢ばかりしたりするのもなんか違う……。

お金に振り回されずに、
上手に向き合うにはどうしたらいいのでしょうか。
そこで、みんなの家計管理術や家計ノートを
見せてもらいました。

家計ノート RULE

袋分け家計簿で時間を節約! 毎日家計簿&レシート管理ナシ

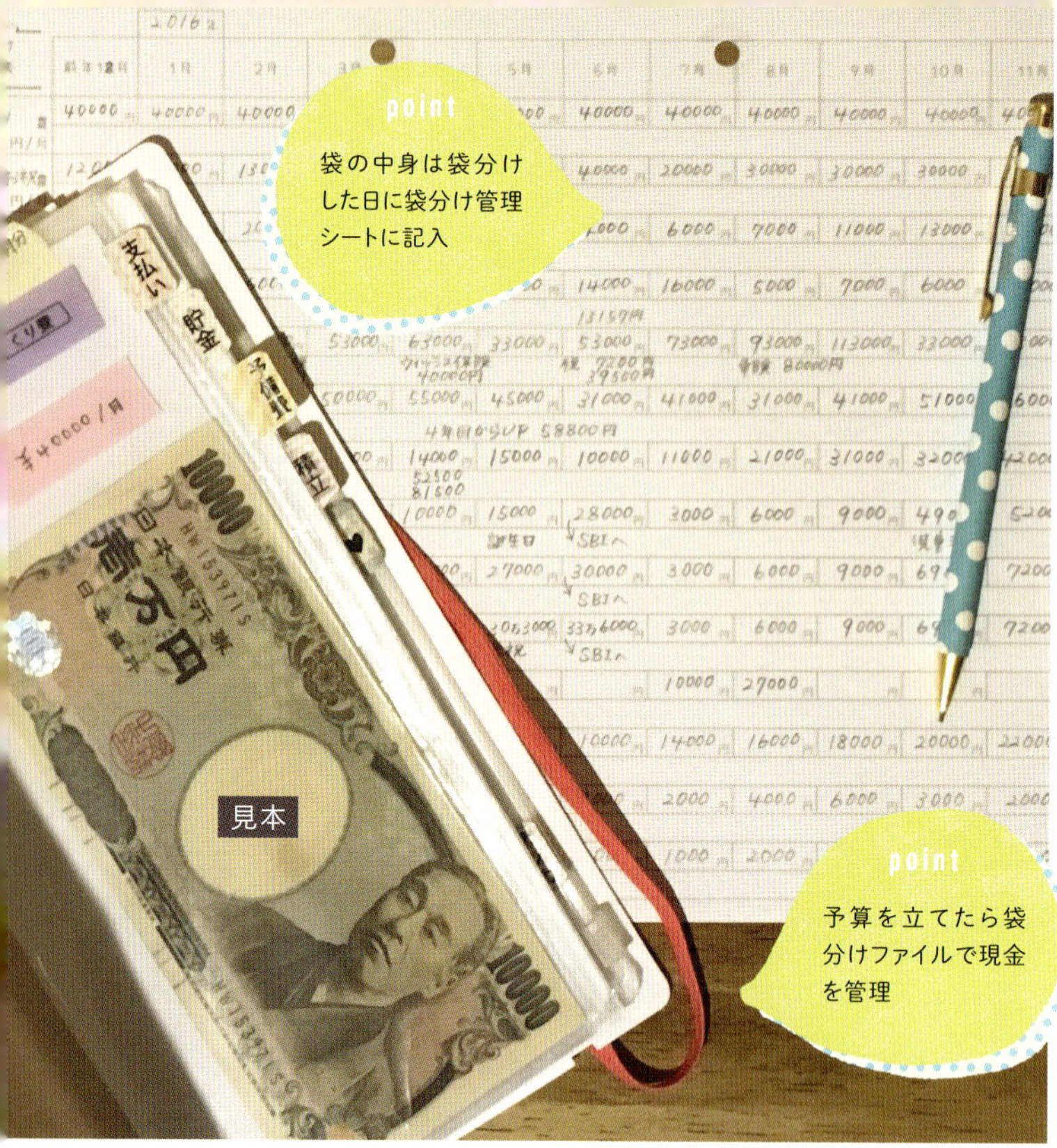
point
袋の中身は袋分けした日に袋分け管理シートに記入
point
予算を立てたら袋分けファイルで現金を管理
見本

profile

hana(ブロガー)と夫・子ども3人の5人家族。著書「ずぼら主婦でもお金が貯まる! hana式袋分けファイル家計簿」(カンゼン)。

hana さん

項目別のやりくりをやめたら余裕ができて計画上手に

財布から出入りするお金は本当に多く、見直してもキリがありません。そのため、以前は毎日の家計簿がとても苦痛でした。

そこで、私はやりくり費を食費・日用品などの項目別ではなく、1週間単位で予算を組むことに。「予算内で1週間過ごせたら理想通りのお金の使い方だから、見直しはしない」と決めました。その結果、毎日の家計簿もレシートも不要になり、時間と心の余裕ができるように。さらにお金を貯めることだけではなく、その先のお金の使い道まで計画できるようになりました。

before after 家計簿に追われる私から家計全体を見渡せる私へ

＼ 事前に予算を立てよう ／

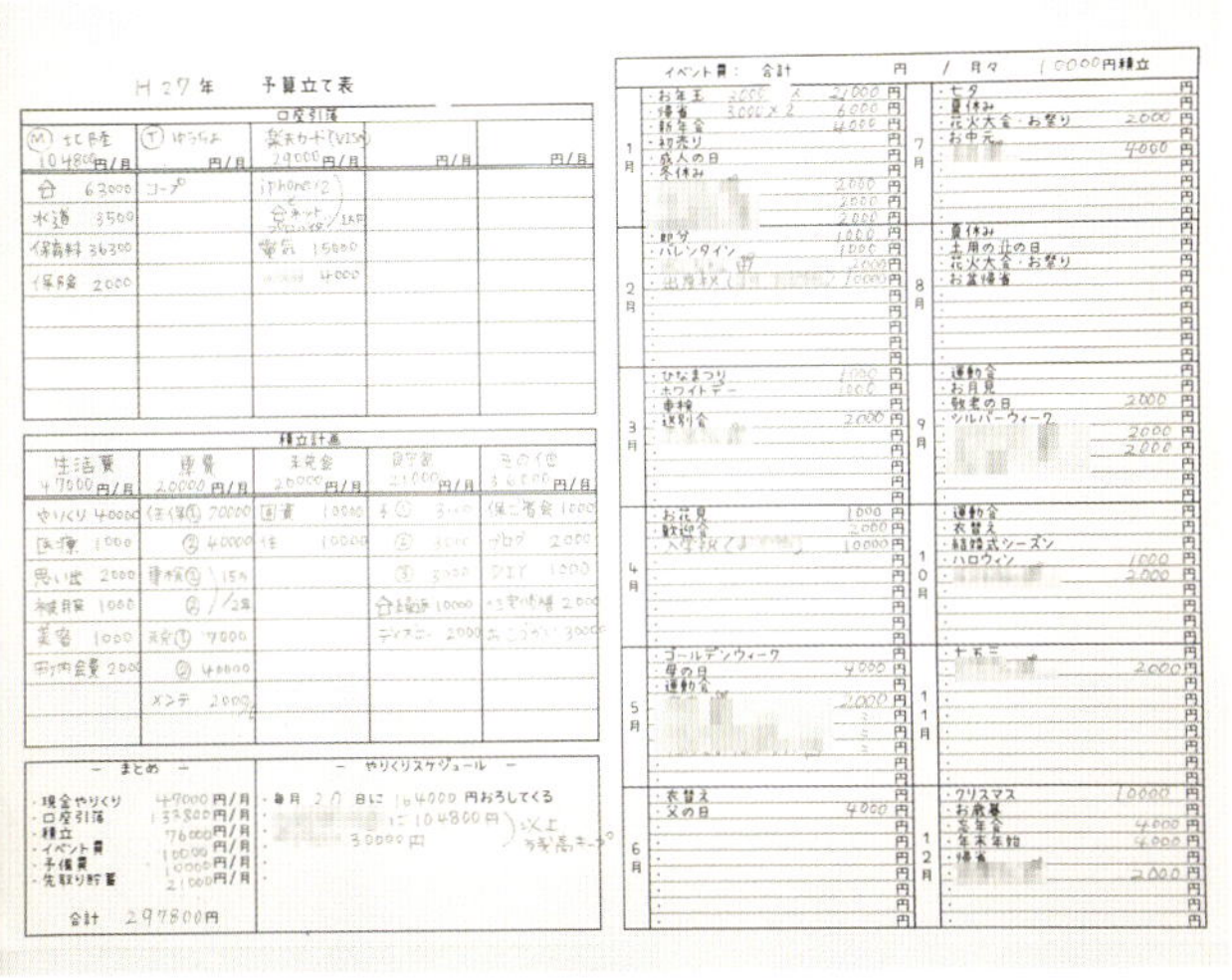

家計管理を楽しむには？

予算ベースで管理すれば自分を責めなくてOK！

普通の家計簿ではお金を払った後に反省しますが、お金を使う前になんとかできないかと「予算」をベースにした家計管理に切りかえました。お金の使いみちや優先順位を1年分書き出して「使ってよいお金」を先に決め、「予算内なら何を買ってもOK」に。自分を責めることがなくなり、家計管理が楽しくなりました！

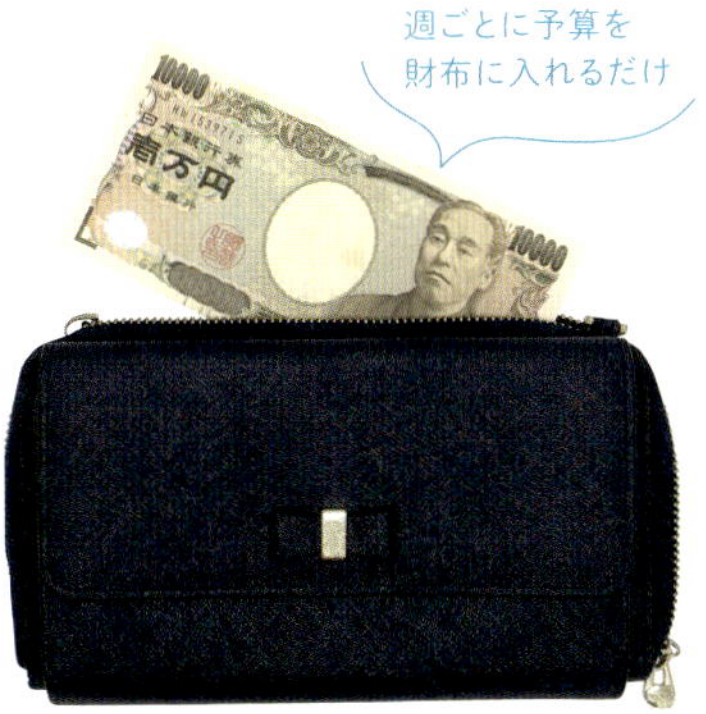

家計簿やレシート管理が大変…

項目分けは一切せず週予算をお財布へ

食費・日用品・レジャー費など項目ごとに細かく管理せずに、「1週間単位の生活費」で予算を組むことで家計簿もレシートも不用に。週予算を毎週お財布にポンっと入れて、その中で工夫するだけ！ もし予算オーバーする時はその都度原因を考えて、週予算の他に新たに項目を作って（まとめ買い費など）積み立てなどし、調整を繰り返して家計を整えます。

余った小銭はどう使う？

1000円貯まるごとに欲しい物購入袋へIN

1週間経ったら、余った小銭は貯金箱へ入れてお財布をリセット。新しい週予算を補充します。節約が成功した小銭は1000円貯まるごとに欲しい物購入袋に入れてどんどん欲しい物もGET。節約は、我慢して1円でも多く残すためではなくて、欲しい物を買う為にやると同じ節約でも毎日がとっても楽しい！

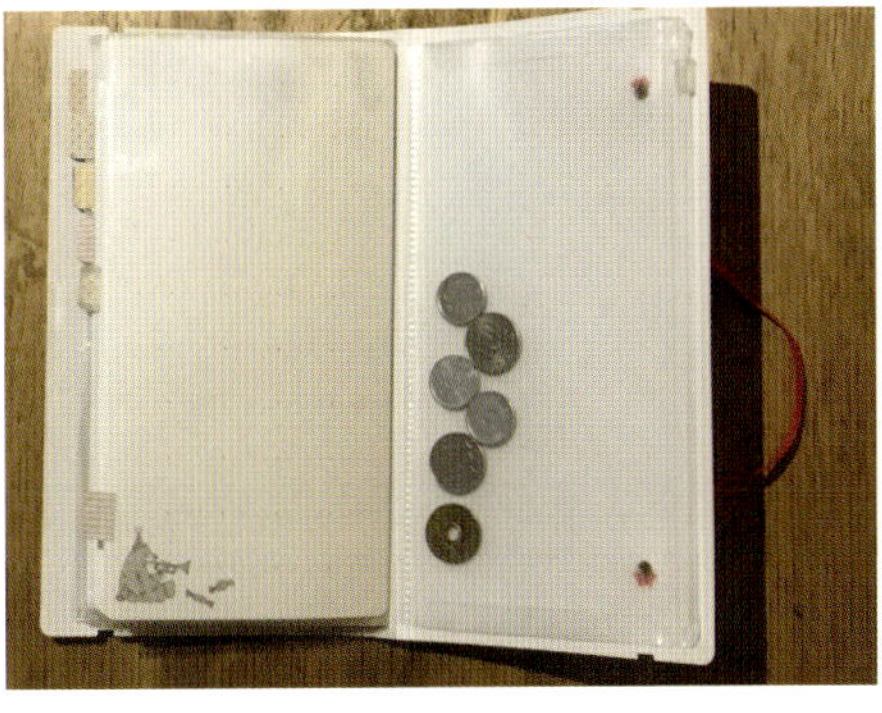

家計ノート RULE

貯まるお金を記録するだけ！ズボラさんでもできる貯金簿

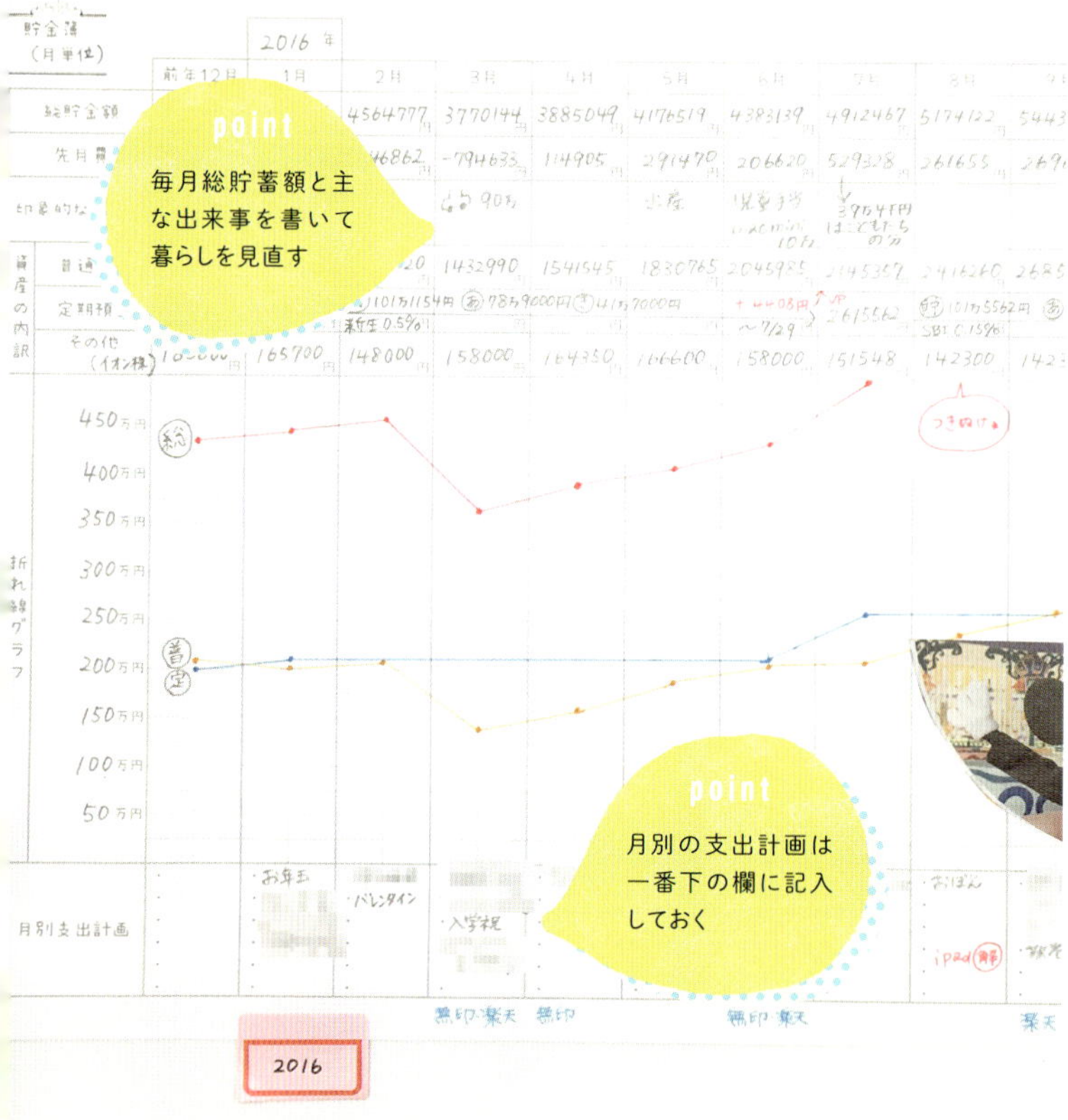

point
毎月総貯蓄額と主な出来事を書いて暮らしを見直す

point
月別の支出計画は一番下の欄に記入しておく

書くのは月にたった1回！苦痛だった家計簿が楽しく

hana さん

profile
hana（ブロガー）と夫・子ども3人の5人家族。著書「ずぼら主婦でもお金が貯まる！ hana式袋分けファイル家計簿」（カンゼン）。

減っていくお金を記録する家計簿ではなく、貯金が貯まっていく様子を記録するオリジナル貯金簿へチェンジ！ 貯金がいくら貯まっているのか、毎月現状確認できれば細かい家計簿は不要です。私が家計簿に時間をかけないと決めたのは、出産育児を通して、入院時や、2時間おきの授乳、細かい育児グッズの購入など疲れている時に、毎日書く家計簿は書くこと自体が大変だったから。当時は、家計簿の見直しもできずにほったらかし。そこで、大変な時でもできて、そして一生続けられることを目的に、現状のスタイルに変更。生活がまるごと変わりました。

before after　家計簿を書く回数は毎日→月1回

貯金簿の基本は？

➡ その月の貯金額とその要因を記録

「先月の全財産ー今月の全財産」を計算し、1円単位まで明確に貯金額を出します。それだけなので家計簿と銀行口座残高が合わないなんてストレスも一切なし♪ 1カ月1行しか書かないので5分しかかかりません。貯金額の大きな要因を「出来事欄」に書いておけば、なぜプラス・マイナスになったのかを、パッと見るだけで分かります。

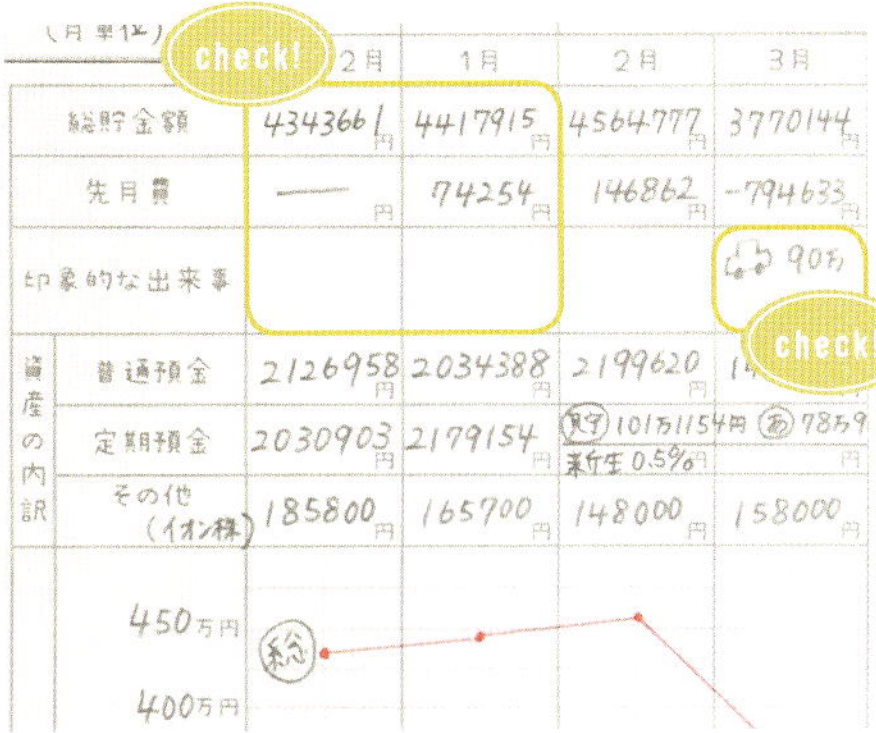

目に見える形にすることで節約＆貯金が頑張れる

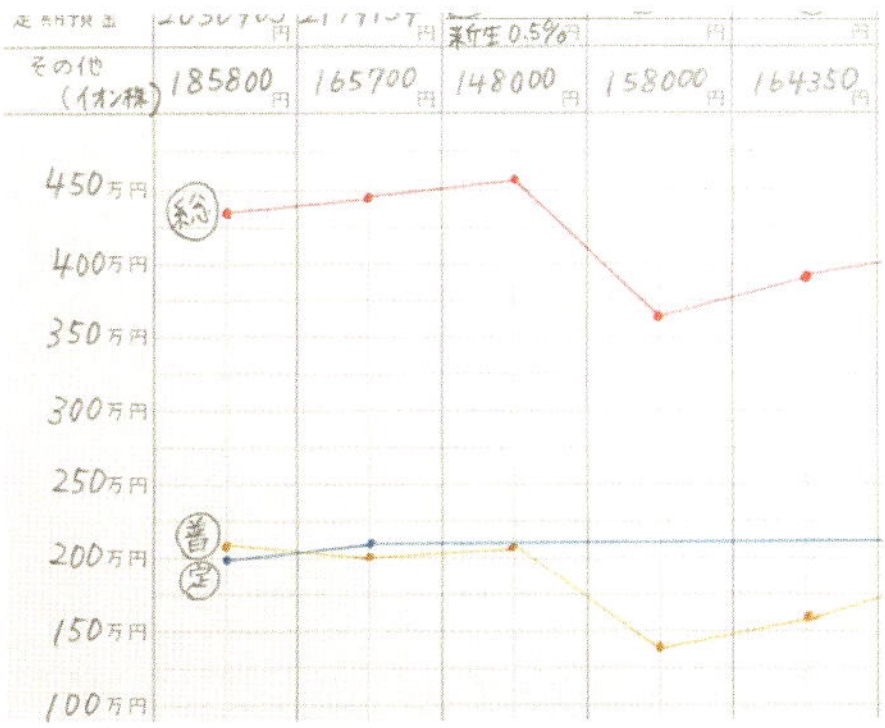

グラフを書くメリットは？

➡ お金の流れが見えてやる気がアップ♪

貯金額をグラフで表すことで、1年間を通してどの月に貯金が貯まりやすいのかなど、お金の流れが見えてきます。また、上がっていくグラフが嬉しくて、節約や貯金へのモチベーションが上がります。毎日憂鬱だった家計簿が、今では月1回グラフを書くのが楽しみになって自分でも驚いています。

＼ 貯金簿は未来の計画のためにつける ／

貯金簿のおかげで、苦痛だった家計簿が今月はどんなグラフになるのか楽しみで仕方がない時間に変わりました。他にも嬉しい変化がたくさん！ 簡単にご紹介します。

家計簿を書く回数：毎日→月1回
書く内容：支払った記録→手元にある貯金総額
家計簿の目的：過去の支払いのムダ探し→未来のお金の計画
節約方法：できるだけ買わない→予算内で楽しむ
レシート：必要→不要
特別費の対処：一時的に貯金が減る→袋分けで積み立てておいて貯金を減らさない（右の写真）

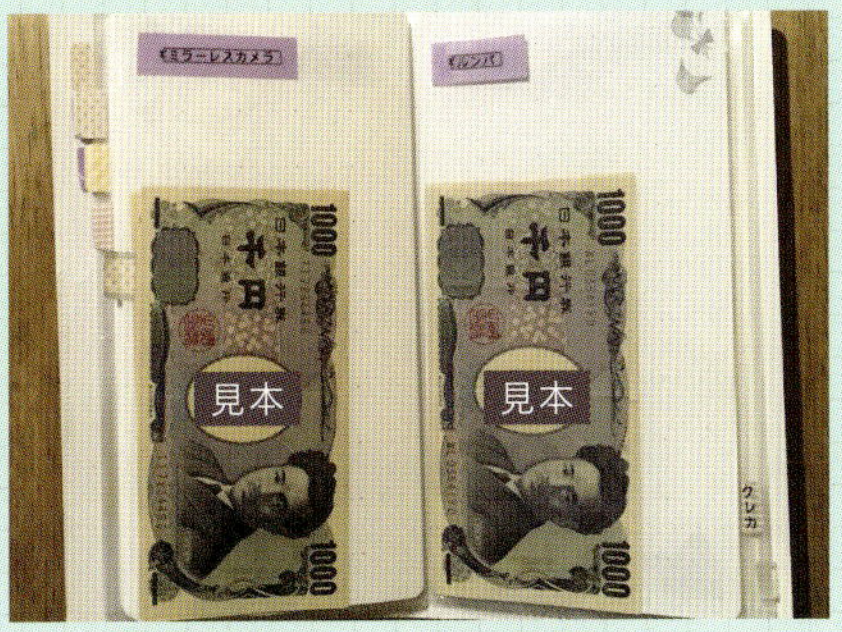

Column

月1回のワクワクタイム！ 貯金簿の書き方

44ページでも登場した貯金簿はズボラさんでもチャレンジしやすいスタイル。
「やってみたい」という人のために、書くべき項目や見直しポイントを紹介します。

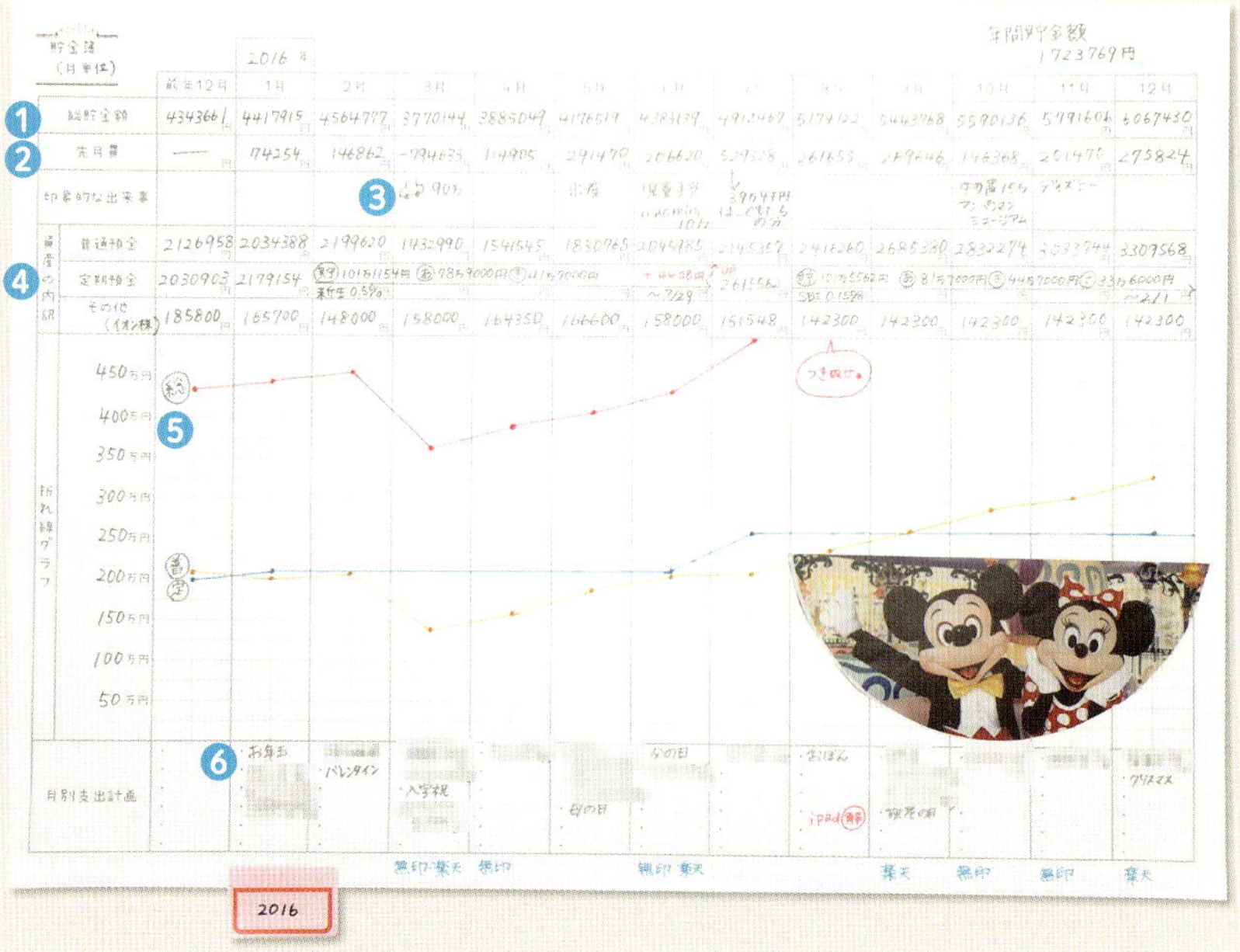

❶総貯蓄額

普通預金、定期預金、株式などすべての資産金額を記入します。月ごとに書くと、資産の変化が一目瞭然。

❷先月との差額

総貯蓄額の先月との差額を記入します。差額を見ることで「今月はたくさん貯まった！」「出費が多かった…」など暮らしを見直すことができます。

❸印象的な出来事

お金に関する大きな出来事を書いておくと、なぜその月がその金額になったのかが分かりやすくなります。

❹資産の内訳

❶の内訳を記入します。どこがどう増減したのかを把握しておくと便利です。

❺折れ線グラフ

資産を、数字だけではなく折れ線グラフにすることで一目瞭然！ モチベーションアップにつながる上、貯めやすい時期なども把握できます。総貯蓄額だけではなく、預金ごとにも書いておくとなおよいです。

❻月別の支出計画

すでに決まっている支出はあらかじめ書いておくと、突然の支出に慌てなくて済みます。この支出は、特別費用の積み立てから捻出しています。

貯金簿を有効活用する3つのポイント

01 資産の増減で今の暮らしを見直す

貯金簿には必要な情報だけをシンプルに書くので、見直しもとても簡単。まずは資産が増えているかチェックします。増えていればケチケチ節約しなくて大丈夫。減っている場合は気を引き締めます。余裕資産が増えてきたら、投資も視野に入れていきます。

02 未来の見通しを立てる

貯金簿では今後の方向性もチェックします。今月黒字か赤字かだけではなく、1年後、5年後のグラフを想像しながら、お金の管理を通して、仕事や家族の時間について、「どんな一生を送りたいのか」など夢を膨らませます。

03 効果の高い預け先をリサーチ

定期預金の満期日をチェックして、次の預け先を普段からリサーチします。同時に、お金をどこに置いておけば1番いいのかな？ と考えます。貯金は長期戦なので、時間を味方にして、今何をすればいいのか、どれが1番効果が高いのか考えるようにしています。

貯金簿は現在と未来の
両方に役立つツール。
書くのは月1回だけなので、
ズボラさんにもオススメです！

hana さん

point
食費は5週に分けて、家計用財布に1週間分入れる

家計ノート RULE

市販の家計簿＆袋分けを併用！ 財布の残高は照らし合わせない

ie___y さん

profile
eri（33）、夫（30）と兄弟（4）（2）の4人家族。あえて24坪の小さな平屋を建てました。長男を出産後に持たない暮らしを意識するように。

ズボラで飽きっぽい私でもOK 無駄遣いが自然と減る効果も

もともとズボラで飽き性なので、家計簿は何度も挫折。欲しいものを買っても、心のどこかで「無駄遣いじゃないかな……」と不安になることもあり、いつもお金の事を考えている生活を抜け出したい！と思うように。こんな性格の私でも続けられる家計簿はないか色々と試した結果、毎月袋分けした予算内で生活するだけの簡単な方法に辿り着きました。家計簿は、市販のものに、使ったお金を袋分けの項目ごとに書いて給料日前に集計するだけ。給料日に近づくと使えるお金が目に見えて減るので、無駄遣いも自然と減りました。

before after　予算を守るだけ！ゲーム感覚で楽しく続く！

週単位の出費を把握したい

見開き1週間タイプの市販の家計簿を使う

市販の『暮らし上手の家計簿』を使っています。もともと手書きで書くほうが見返せるので好きなのですが、この家計簿は日記が書けるスペースがあったり、袋分けの項目を自分に合ったように書き込めるので使いやすいです。見開きで1週間なので、週にどのくらいお金を使ったか（週末に出費が多いな…とか）わかりやすいのもメリットです。毎日記入するのが理想ですが、レシートが溜まりはじめたらお財布の整理もかねて、記入するようにしています。

＼ 無駄遣いも自然と減りました ／

袋分けのコツは？

給料日に6項目別の予算を千円札で袋分け

我が家の場合は、食費・外食費・日用品費・ペット費・その他（補填用）・ガソリン費の6項目で袋分けしています。給料日に袋分けする予算を全て千円札で下ろしてから、袋分けしています。食費は5週に分けて、家計用のお財布に1週間分を入れておきます。予算が余ったら、繰り越さずに貯金箱へ。目標は、1円でも余るように1ヶ月生活すること！ 最初は面倒に感じますが、慣れれば毎月同じことの繰り返しなのでとっても簡単。

照らし合わせるのをやめたら
家計簿が続くように！

長続きの秘訣は？

お財布の残高と家計簿は合わせなくてＯＫ

家計簿を繰り返し挫折した1番の理由は、お財布の残高と家計簿の集計が合わず「何に使ったお金か？」「どの予算から使ったことにすればいいのか？」と書き方に迷って、だんだん書くのが億劫になっていくこと。人に見せるものではないので、予算内に収まれば、細かいことは気にしません(笑)。お財布の中身と家計簿が多少違っても支障ないことに気づいてからは、ざっくり管理で続けれるようになりました。

point
家計用財布にはクレジットカードと1週間分の食費
見本
point
お小遣いは別の自分用財布（左ページ左下）へ

家計ノート RULE

お財布は「家計用」「自分用」の2つに分けて無駄遣いを減らす

profile
eri(33)、夫(30)と兄弟(4)(2)の4人家族。あえて24坪の小さな平屋を建てました。長男を出産後に持たない暮らしを意識するように。

ie___y さん

キャッシュカードは持ち歩かず お小遣いを設け大切に使用

お財布は家計用と自分用と2つを持ち歩いています。上の写真の長財布が家計用のお財布です。家計用にはクレジットカード1枚と1週間分の食費を入れています。自分用(左ページ左下)には、お小遣いと自分専用のクレジットカードを入れ、キャッシュカードは、浪費を防ぐため持ち歩きません。お金が下ろせないので一番無駄遣いに効果がありました。お財布が1つだと友達とのランチや欲しい雑貨や化粧品代はどこから出すのか迷ったので、自分のお小遣いを設けたら、大切に使うように意識でき、衝動買いがグッと減りました！

before after　キャッシュカードは持ち歩かず無駄遣い減！

貯金箱の上手な活用法は？

➡ 家計用と自分用の2つの貯金箱を使う

家計用と自分用で、貯金箱を2つ使っています。家計用は100円ショップで買った、1度開封したら使えなくなるものを選びました。袋分けしていた予算が余ったら、ここに即入れ！ たまにお札も入れて開封を楽しみにしています（笑）。いつか旅行の足しにしようと思っています。

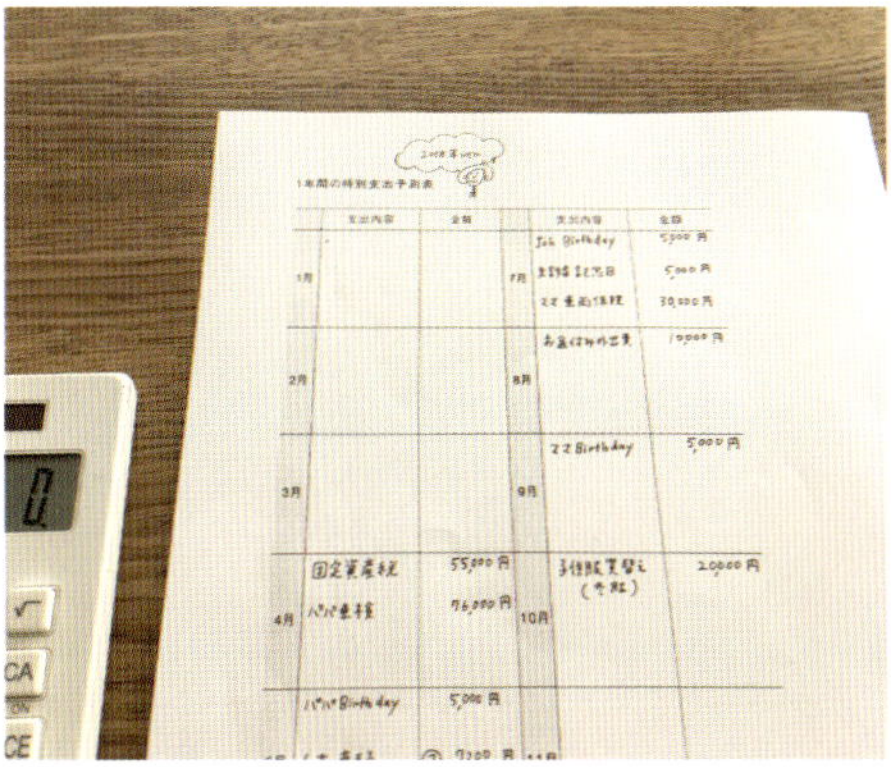

特別支出はどこから出す？

➡ 事前に予算を決めて積み立てておきます

固定資産税や車検など、1年の中である程度支出がわかっているお金は、事前に予算を設けて毎月積立をしています。我が家は収入が少ないので、これを始めてから気持ちに少し余裕ができました。年始に、1年にかかるおおよその金額を12で割って1ヶ月ずつ貯めて、そのお金は通常の貯金とは別に使えるように口座に貯めています。タイミングによって金額が足りなくても、一気に通常の貯金から出す必要がないので気がラクです。

自分用の貯金箱はどう使う？

➡「500円玉と100円玉のみ」ルールを設けてやる気アップ

自分用の貯金箱には、自分のお小遣いから500円と100円のみ入れています。500円だけだと貯まりにくいし、100円なら無理なく貯めて、数える時にモチベーション上がりそう?という理由です。貯まったら、欲しいものを気兼ねなく買うための資金にしたいなぁと思っています。

お小遣い用サイズは小さいものを愛用

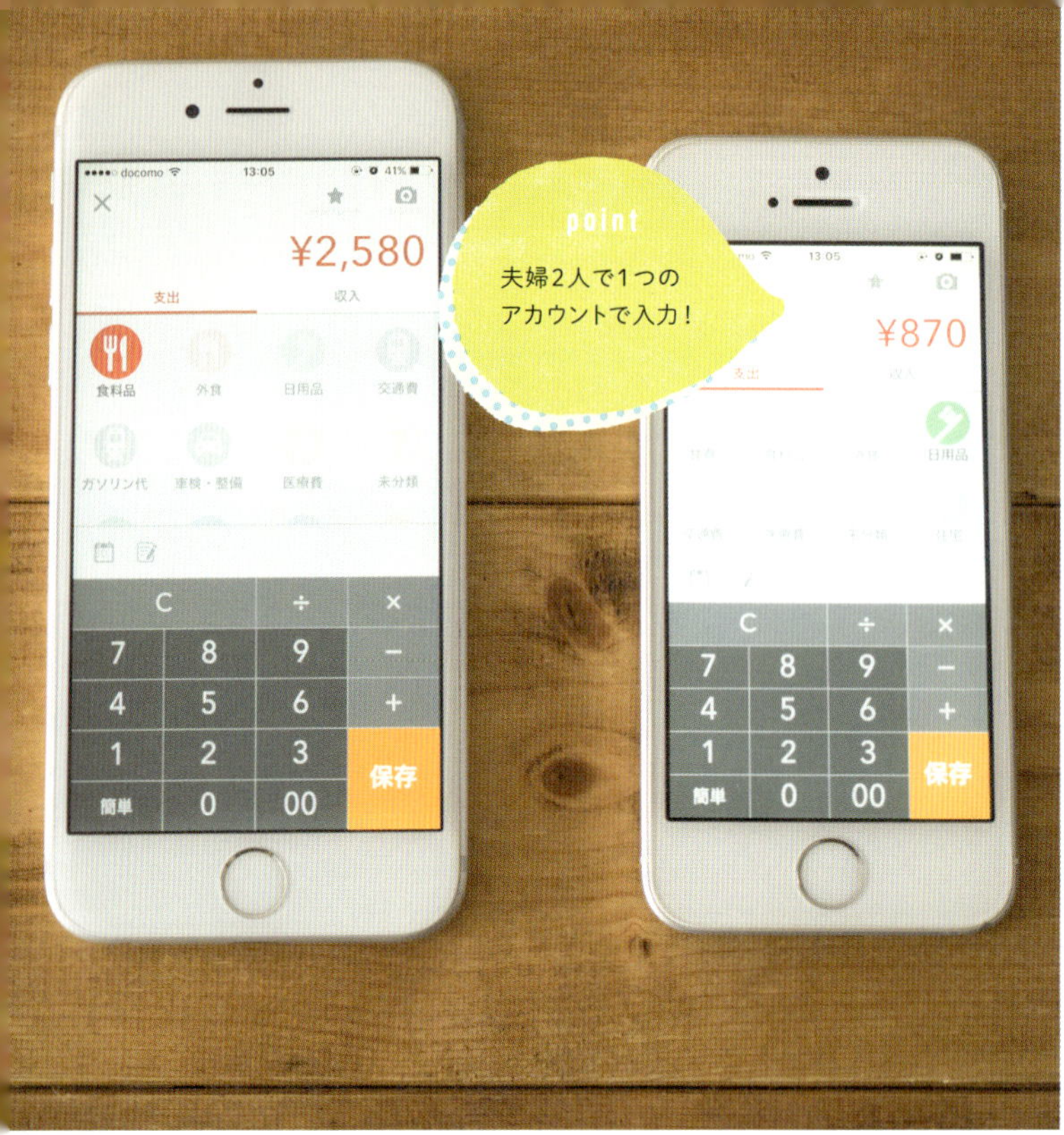

家計ノートRULE

夫婦で1つのアカウントを共同管理し出費を抑える

profile

夫と子ども（0歳）の3人家族。1LDKの小さな家を自宅兼仕事場にして暮らしています。

ピノ子さん

共同で管理したら夫も家計を気にかけるように

家計簿アプリ「マネーフォワード」で、毎月の収支を管理しています。夫婦共通のアカウントにログインし、お金を使ったらそれぞれが入力。夫も家計簿をつけることで、「今月は外食が多いね」など、家計を気にかけてくれるようになりました。使ったお金を入力するだけでいいので、紙の家計簿のように自分で計算する必要はありません。メンドくさがりな私でもこの方法で3年以上続けられています。このアプリの無料版は1年分しかデータを保存できないので、翌月に項目別の金額だけエクセルにメモしています。

before after　夫婦二人で家計の内容を把握し、出費を抑える

アプリにいつ入力する？

→ お会計したらすぐ！袋詰めの際にその場で

家計簿をつけるタイミングは、お会計をしたすぐ後。入力を忘れてしまわないように、スーパーで袋詰めする前に、その場でスマホから入力しています。毎月引き落としされる費用は自動入力設定を行い、入力モレを防いでいます。

アプリでの項目分けは？

→ 日用品も「食料品」でまとめ多少の誤差は気にしない

家計簿の項目分けは大雑把でOKにしています。食料品とティッシュペーパーを合わせて購入した場合でも、「食費」でひとくくり。きっちり項目分けしていると大変で、長く続かないので、多少の誤差は気にしないようにしています。

アプリが便利だからといって
細かくやりすぎないのがポイント！

夫婦で意識を揃えるには？

→ 月に一度、お茶しながら夫婦でお金会議！

月に1度、夫婦で〝お金会議〟を開き、前月の支出について話し合う機会を設けています。そのときに、銀行口座の残高もチェック。「先月はどのくらい貯金できたか」「来月の大きな出費予定は何があるか」など、お茶を飲みながら話し合っています。

＼夫と認識を共有することで2人で頑張れる！／

point

毎日ではなくレシートが溜まってきたらPCで入力

家計ノート RULE

自力の計算不要だからラクチン PC家計簿で項目をカスタマイズ

profile

住まいも家計もシンプルにすっきり心地よくをテーマに日々の「暮らしやすさ」を模索しています。夫、子ども2人の4人暮らし

hana.ienote さん

クリアファイルに溜めたレシートを時々エクセルの自作家計簿に入力

大雑把な性格なので何もルールがないと無秩序になってしまいますが、キッチリし過ぎるのも苦手です。ですので、クリアファイルの中にレシートを溜めておいて、気が向いた時にエクセルの家計簿へ入力しています。収納同様、家計管理もゆるやかな仕組み作りで、長続きするようにしています。

月に一度、夫と全ての銀行残高、株式評価額などからローン残高を差し引いて、純資産を出す現状把握の時間を設けています。こうした時間は、先々についても夫と話し合える貴重な機会となっています。

before after 計算要らずだから続く！12年継続エクセル家計簿

PC家計簿のメリットは？

→ 変動費のみを入力！月の予算が一目瞭然！

水道光熱費や通信費はほぼ一定なので、食費、外食費、日用品、医療費、交際費、被服費といった変動費のみを入力しています。エクセルで作っているので項目が自由に変更できること、計算式を入れているので日々の累計を出して月の予算があとどのくらい使えるのかも一目瞭然です。

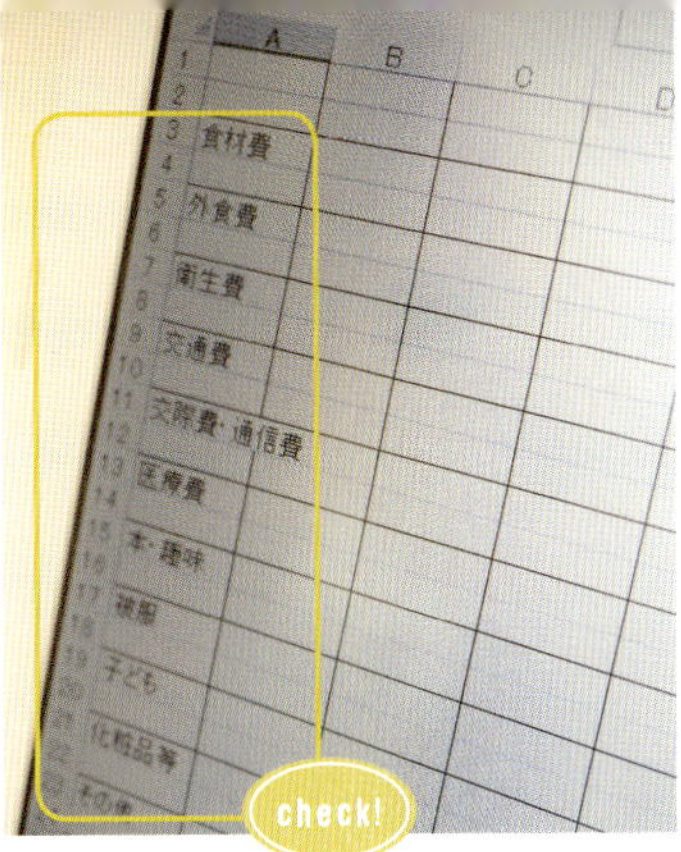

袋分けと併用すると使えるお金がわかりやすい

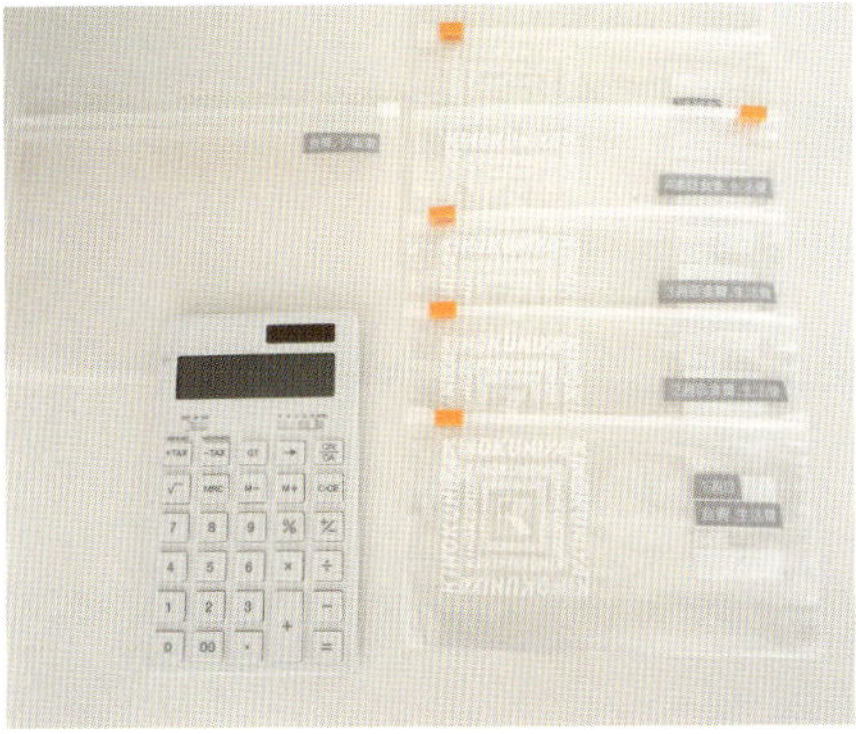

時間がなく家計簿が滞りがち…

→ 食費や日用品費のみ袋分け家計簿入力が滞っても安心

食費・日用品は週ごとに袋分けにして管理しています。こうしておくと、時間がなくて家計簿入力が滞ってしまってもその週に使えるお金は明確になっているので便利です。紀ノ国屋のスライドジッパーバッグで袋分けをして、無印良品のファスナー付きケースに収納しています。

目的別貯金をしているとモヤモヤが減る！

貯蓄方法に迷いがち

→ 先取り貯蓄と目的別貯金、ゆるく365日貯金も継続

先取り貯蓄は月々決まった額を自動的に定期預金へ貯蓄しています。また旅費、被服費など、一度に出ていく金額が大きいものは毎月「目的別貯金」をしています。目的別に貯金をしておくと、使い道がはっきりしているので気持ちよく使えます。365日貯金も楽しみながらゆるく続けています。

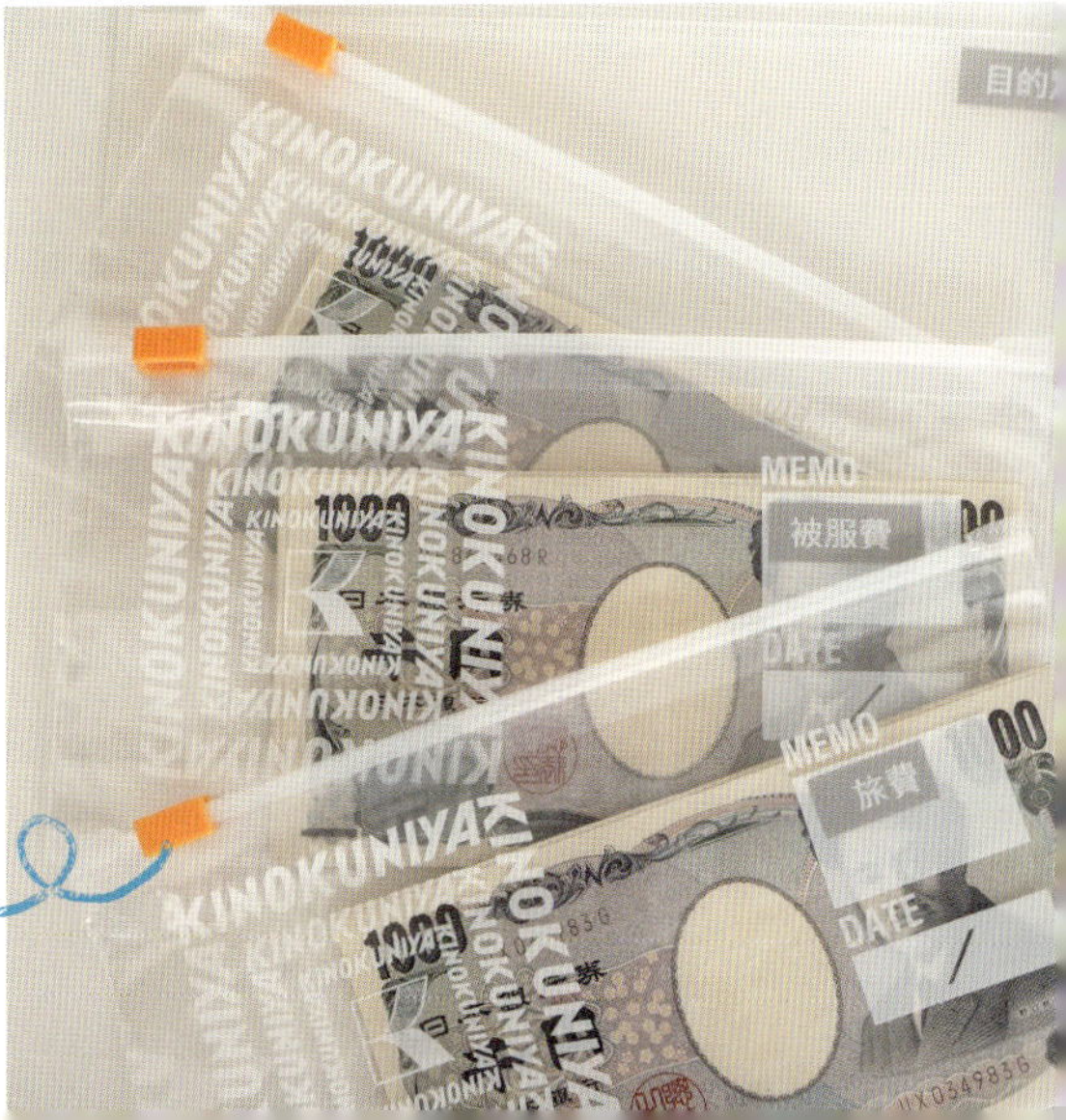

貯めた小銭はお財布購入に使います

point
お金や電卓、家計簿などの家計管理セットは1つにまとめています

家計ノート RULE

お金を使うのは休みの日だけ！ 身の丈に合った家計管理術

mikiko さん

profile
フルタイムで働く2児の母。背伸びしない「暮らし」の考え方や回し方について配信中。
Instagram @kurashigoto_

目標を掲げて 支出を元に予算立て

まずは何にいくらの支出があるのかを知り、毎月、予算立て。あやふやな家計管理にならないよう必ず目標を掲げることが大切だと思っています。現在、私が家計管理上での工夫や気をつけていることは主に以下の8つ。①仕事が休みの日(週2日)しかお金は使わない ②袋分けはしない ③我が家に必要な項目だけで手書き家計簿 ④家計簿に細かく記載しない ⑤給料日に左右されないよう曜日で区切って管理(4週と5週管理) ⑥クレカ払いはなるべくしない ⑦特別費と目的別貯金の予算を設ける ⑧住宅ローンより教育費を優先して貯蓄。

家計ノートの工夫は？

➜ 食費と日用品は店舗名や商品名を記入しない

年間支出表と毎月の支出表が見開きで見られるように作成。記入頻度が高い食費と日用品は、購入店舗名や商品名は記入しません。週計と項目別計が出るようなフォーマットにすることで、毎月の集計がぐっとラクになりました。なお、毎月の余りは、毎月の収入額が変動しないよう繰り越さず純貯金へ。

クレカ払いのコツは？

➜ レシートを家計簿に挟んでおき引き落とされたら破棄！

クレカ払いをした時は手元の予算から口座引き落とし用袋にお金を入れておき、引き落とし日までに銀行に入金します。レシートは家計簿のバインダーに挟んでおいて、引き落としが確認できたら破棄。基本は現金管理です。未来のお金を当てにせず、ポイントなどに揺さぶられず、手元にあるお金でやりくりしていきたいと思います。

レシートを捨てると
すっきり！

家計管理のちょいワザは？

➜ 実は便利！ 両替金で「ま、いっか」をなくす

両替が自宅でできると家計管理がスムーズに行えます。例えば、引き落とし用袋に入れるお金を準備する時「1円足りないけどまっいいか」なんて事になりません。私はお楽しみ代をコインケースに貯めているので、そのコインケース内のお金を両替できるお金として小銭を多めに確保しています。

＼家計管理の小さなストレスがなくなる♪／

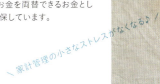

家計ノート RULE

1週間ごとにお財布に2万円入れてリセットするだけ

point
予算は項目ごとに分けません。残金は不足週に使用

profile

フルタイムで働く2児の母。背伸びしない「暮らし」の考え方や回し方について配信中。
Instagram @kurashigoto_

mikiko さん

週予算を2万円に設定！袋分けせずにシンプルに

今まで家計簿をつけてきて大体の毎月のやりくり費が把握できたので、今はお財布に週予算の2万円を入れて、食費、日用品、教材費、医療費、外食費、雑費、被服費、急な交際費の8項目を1週間やりくり。1週間後、お財布の中に翌週予算を入れリセット。残金は繰り越さず不足週に使用します。気をつけることは、1週間で2万円がなくならないようにすることだけ。袋分け時代はお財布をいくつも持ち歩き、予算が足りなくなると袋同士で貸し借りして家計管理が複雑に…。今は、やりくり費の財布と私のお小遣い用財布の2つだけです。

before after　袋同士の貸し借りがなくなりスッキリ！

＼ 予算を立てて分けておきます ／

日常のお金以外の予算は？

特別支出と目的別貯金の2つの予算を作る

特別支出費は年に1度のイベントや交際、会費などの予算、目的別貯金は車の税金、車検代、地震保険、NHK受信料の積み立て。この特別支出と目的別貯金の予算を作ることで毎月のやりくり費の大きな変動がなくなり管理が楽になります。ボーナス払いはしません。特別支出の残金は繰り越さずに、家族で使うお楽しみ費として貯金へ。

純貯金はどうしてる？

目標は年間200万の純貯金！教育費などは含みません

我が家の純貯金には教育費、児童手当、積み立て、貯蓄型保険、学資保険などは含みません。普段、夫婦の給与それぞれに支払い役割をつけています。夫の給与→引き落とし専用、妻の給与→現金管理するもの専用。先取り貯金はせず、それぞれの残高を全て純貯金へ回します。年間200万円を目指しています。

＼ 我が家のやりくり費目の詳細 ／

最悪なくても生活できる支出

外食（コンビニなどで買ったお菓子や飲み物も含む）、雑費（日用雑貨、趣味費）、衣服費、美容室、予定外の交際（決まっている交際費は特別費の予算から）。これらは「娯楽費」としています。

必ず必要な支出

食費：米、飲料水、お菓子、パン屋のパンも含む
日用品費：なくては困るもの、待てないもの
教材費：学校で使う文房具、集金など
医療費：保険適用のもの

基本の考え方

1. 必ず必要な支出を把握する
2. なくてもいい支出を把握する
3. 必要な支出は特別費として確保しておく
4. お楽しみ費を設けお金の心配をせずに楽しむ

その他

特別費：1年間の決まっている交際やイベント、会費、プレゼント代などの予算を立てて毎月積み立てています
お楽しみ費：特別費の余りやボーナスの一部を家族で楽しむレジャー費にしています

家計ノート RULE

単身赴任の夫とは夫婦別会計 アプリで自己管理しつつ貯蓄

point
量が少ないのでレシートはお財布にIN。月末にアプリへ
KEYUCA
セブン-イレブン
point
夫は固定費、私は変動費と役割分担

akiko さん

profile

ブログ「ワーキングマザー的整理収納&北欧インテリア」主宰。パパが単身赴任の中、男児2人の育児と家事、仕事の両立に奮闘中。

マネーフォワードを使って 夫婦それぞれで自己管理

我が家では家計は基本的に夫婦別にして、費目別で分担する形にしています。共働きで夫が単身赴任ということもありますが、私も好きな雑貨や洋服などを夫の目を気にせずに買いたいし、また夫の会社付き合いでの出費も多いため、いちいちそれにイライラするのが嫌だからというのも理由です。

ただ、お互いの目がないことで使いすぎるリスクもあるため、それぞれがマネーフォワードなどのアプリを使って自己管理するようにしています。それぞれが必要なものにお金を使いつつ、その中でも将来に向けた貯蓄もできるように心がけています。

before after 夫婦別にすることでお互いイライラしない環境に！

どうやって夫婦で分担するの？

➜ 住宅や保育費など固定費は夫、変動費は自分が負担

夫婦での費目の分担は、マンションの管理費や保育料など固定の費目は夫が負担。食費や子供の洋服代など家事と連動する項目は私が負担するようにしています。変動費を自分が負担することで、家事の仕方などを、なるべく節約できるように工夫する意識を高めています。

家事に絡む項目は自分負担で
節約意識をアップ！

¥0

ズボラだから家計簿が続かない…

➜ マネーフォワードなら口座やカードと連携できてラク！

基本的に細かいお金の管理が苦手なので、紙の家計簿はつけようとしてもあまり上手くいきませんでした。ですが、マネーフォワードの場合は銀行口座やクレジットカードなどと連携できるため、ほとんど自分で入力しなくていいのがラク！ お店で買った場合もレシートを撮影するだけなので、ズボラな私でも続いています。

アプリでの管理って面倒そう…

➜ ネットでの出入金が多いのでレシートの取り込みは月末に

レシートはお財布に溜めておけるスペースがあるのでそこに保管し、マネーフォワードへの取り込みは月末にまとめてやります。あまりネット以外で買い物をしないため、月1回でも十分。オンラインで取り込んだ出入金の情報は電車の中でスマホで確認し、費目を振り分け直したりしています。

お店ではあまり買わないから
お財布に保管しておけます

家計ノート
RULE

貯蓄は夫婦それぞれだけど子どもの将来の学費だけは確保

point
学資保険に加えて専用口座で貯蓄して将来に備える

profile
ブログ「ワーキングマザー的整理収納＆北欧インテリア」主宰。パパが単身赴任の中、男児2人の育児と家事、仕事の両立に奮闘中。

akiko さん

各種手当やお年玉などは専用口座に入金して備える

我が家は基本的には夫婦がそれぞれ貯蓄しておくスタイルですが、子どもの将来の学費は別途確保しています。子どもたちそれぞれで学資保険に入っているのに加え、子どもの将来の出費のために、別で銀行口座も作ることにしました。子どもに支給される各種手当や、親戚などからもらうお年玉などは子どもが小さいうちはそこに入金し、将来に備えて貯蓄しています。

また、夫婦のもしもの時に備え、保険は比較的手厚く入っている方です。夫は老後に備えて個人年金にも入っています。私も将来に備えて確定拠出年金などに入ることを検討中です。

before after　子どもの貯蓄は学資保険+別口座で着実に貯める

お年玉はどうしてる？

→ 硬貨はお小遣いとして渡し それ以外は進学に備え貯金

子どものお年玉は、500円玉など硬貨でもらった分はお小遣いとして渡して、それ以外は子ども用の銀行口座に貯金しています。自分も同じように親が貯金してくれていたおかげでお金の心配なく進学させてもらえたので、自分も子どもたちにはそうしてあげたいと思っています。

子どもの集金用の小銭は？

→ 100均のケースで収納！ 硬貨別の在庫が一目瞭然

次男の保育園は、絵本代や行事の集金などが現金で毎月支払いが必要。しかも割と細かい金額をお釣りがないように支払わないといけないため、小銭をこまめに貯めておくようにしています。以前はファスナー付きの小銭入れに入れていましたが、硬貨ごとの在庫状況が分かりづらかったため、今は100均のケースに収納しています。

＼在庫がひと目でわかって便利です♪／

＼アルバイト制で貯めたお金で好きなものを買わせる／

小学生の長男はお小遣いを欲しがるお年頃なので、「アルバイト制」を導入しています。お手伝いの種類ごとにお小遣いを決めて写真のように掲示し、自分がやりたい仕事を選ばせて、やった成果に対して支払うスタイル。長男も頑張って貯めたお金で好きなお菓子やおもちゃなどが買えるので、励みになっているようです。

Column

ふつうの主婦でも1000万円
貯めるための暮らしの5箇条

「まずは貯蓄1000万」を目指す人は多いのでは？
そこで、以前は夫に借金があり、貯蓄もほとんどできていなかったという状態から、今や2年に一度家族で海外旅行を楽しみながら1000万円を貯めたというブロガーごえもんママさんに、1000万円を貯めるための暮らしの秘訣を伺いました。

この人に聞きました

money data

before

年収（夫／妻）	320万/250万
月収（夫／妻）	19万/16万
月貯金額	2万
年間貯金額	24万

↓

after

年収（夫／妻）	370万/280万
月収（夫／妻）	23万/18万
月貯金額	16万5千円 （ボーナス月は+20万）
年間貯金額	238万

暮らし方を変えることで、年間貯蓄額が約10倍に！

ごえもんママさん

profile

2009年に結婚、2010年4月に第一子出産。私（37）と夫（38）、長男（7）次男（2）の4人家族。フルタイムの共働き。結婚後やりくりに目覚め、試行錯誤しながら「家族が楽しく幸せなのが一番」をモットーに、自分らしいやりくりを模索してきました。趣味は映画鑑賞、懸賞、株主優待、ブログ、海外旅行。お得なことが大好きです。

1000万円貯めるまでのヒストリー

最初は夫に80万円の借金が…一度成功したら貯金が楽しく！

独身時代に海外旅行が大好きだった私と、浪費家で実家暮らしにも関わらず結婚当時80万円ほどの借金があった主人。結婚当初は、あまりにもお金がなく、出産が近くお金が必要だったこともあり、ケンカをしてばかりでした。そんな時に、お金について話し合ったところ、長年愛煙家だった主人がついに煙草をやめてくれました。月2万円ほどかかっていた煙草代を月々貯金し始め、「お金が貯まったら家族で海外旅行に行こう」と目標を立て、2年後に48万円の貯金に成功。目標通りに家族でグアム旅行へ生きました。貯蓄での成功体験をした私たちは、貯金する楽しさに目覚め、その後も少しずつ貯金額を増額。結婚5年目で、夢だった1000万円貯蓄を実現させました。

01 100%先取り貯蓄！手元に残るお金だけでやりくりする

我が家は100%先取り貯蓄派です。夫婦お互いのお給料が入ると、一部は職場の財形貯金に。お給料が振り込まれる口座は、各家族名義の口座へ自動的に積み立てされるようにしていて、強制的に貯金される仕組みになっています。だから、普通口座にはいつも生活費ぎりぎりのお金しか残っていません。そのおかげで、（見えない）お金はあるけど、（見える）お金がないので、必然的に無駄遣いが減ったり、やりくりを考えたりと、いいことだらけです。

02 楽しい目標設定&貯金額の共有でやる気アップ！

貯金生活を続けるモチベーションを保つために必要なことは、やっぱり楽しい目標設定です。我が家は「2年に1度海外旅行へ行く！」という目標を貯金生活を始めた時から立てています。成功体験を経験すると、「よしっ！ もっと頑張ろう」という気持ちになり、モチベーションもかなり上がります。それと同時に、年に数回でいいので、貯金額が分かるように貯金簿を付けています。日々の成果（貯金額）を夫と共有することにより、夫もさらにやりくりに協力してくれるし、増えたお金を見るのは自分自身もかなりのやる気アップにつながります。

03 すきま時間も活用！懸賞・モニターやポイントでお得に暮らす

私が結婚してから趣味として続けていること。それは懸賞・モニターです。日々のすきま時間を利用し、懸賞サイトで懸賞情報を検索して、コツコツと応募を続けています。海外旅行や大物家電はなかなか当たりませんが、コスメや日用生活品、食品は意外とよく当たります。クレジットカードを使う時、ネットショッピングを利用する時はポイントを貯めるというのもかなりお得度が高いです。ポイント○倍デーのように、ポイントがたくさんもらえる日などはチェックして、計画的に買い物することにより、ポイントをたくさん貯めることもできます。

04 株主優待は生活用品、おもちゃ、食品などを生活にフル活用！

貯金額が300万円ほど貯まり、心の余裕ができ始めた時から、株式投資を始めました。理由は株主優待が欲しいから。株主優待が特集されている雑誌を買い、勉強を始めて、少しづつ投資の額も増やしていき、今では年間で10万～20万くらいを投資しています。今の世の中、銀行に貯金しているだけじゃ、利子もほとんど増えないし、株自体の価格は上がらなくても、株主優待をもらえるだけでも、かなりお得な生活ができます。株主優待は、生活用品やおもちゃ、食品、割引券をもらい、普段の生活にフル活用しています。

05 「朝活」で無駄な出費を削減

仕事を始めてから、まず習慣にしたのが朝活です。朝早く起きて、自分の趣味を楽しんだり、朝ごはんを作るのと一緒に、夜ご飯に使うための野菜を切っておいたり、スープや煮物、カレーを作るときも。朝のうちに下ごしらえをすると、仕事から帰って来てすぐにご飯の用意ができます。今日は忙しいから外食にしようとか、お惣菜を買っちゃおうなどの無駄な出費が防げます。

Column

みんなの「やっちゃった！」失敗談

【家計簿&節約編】

今は自分に合った家計管理や節約をしている人たちも、
じつはたくさんの失敗を経験してきました。
自分の暮らしや性格を見直しながら、少しずつ改善していくのがポイントのようです。

最初にがんばりすぎない

ズボラな性格なので、3日以上家計簿づけが空くと一気に面倒になって続きませんでした。最初に気合をいれて、シールやカラーペンを多用したら、ごちゃごちゃして見にくくなったので、今は3色ボールペンを使ってシンプルにしています。

(ie___yさん)

無駄遣いで貯金が数か月増えない…

以前は家計簿をつけていなかったため、1ヶ月のお金の出入りを全く把握できておらず、無駄遣いをたくさんしてしまっていました。気づいたら数ヶ月全く貯金が増えていないことに気づき、このままではダメだ！ と反省し、改善するようになりました。

(akikoさん)

時間に余裕がない時は注意！

第一子出産後は時間の余裕が無く、家計簿が滞ってしまった時期がありました。溜まりに溜まってしまったレシートと空欄の家計簿を見て反省。何にどのくらい使ったのかもわからないのはよくないと、少しずつ入力するようになりました。

(hana.ienoteさん)

まとめ買いは適量で

まとめ買いを始めたころは、どのくらいの食材が適量かわからず、食べきれず腐らせて結局無駄にしてしまいました……。

(ie___yさん)

Part 3

小さな工夫でゆとりを生み出す暮らしのルール

在庫管理、料理、節電、部屋作り、支出整理、習慣、副収入…

みんなの暮らしのルール

「特売についつい心惹かれちゃう」

「うっかり浪費が膨らみがち」

「お部屋の快適性は保ちたい」

「家族との食事は楽しみたい」

「不用品を上手に手放すには？」

お金と暮らしは密接に結びついているもの。

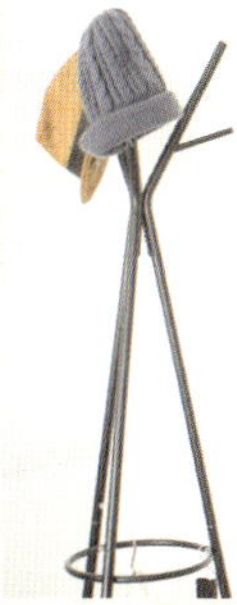

暮らし方を変えればお金の流れが整い、
お金の使い方を変えれば暮らしもどんどん変わります。
そこで、みんなは暮らしの中でどんな工夫をして、
ムダをなくし、お金と暮らしのゆとりを
生み出しているのかを聞いてみました。

食材管理

外に買い物に行かず 余計な買い物と不良在庫を削減

akiko さん

profile

ブログ「ワーキングマザー的整理収納＆北欧インテリア」主宰。パパが単身赴任の中、男児2人の育児と家事、仕事の両立に奮闘中。

ネットスーパーなら時短＆予算管理がラクで一石二鳥

我が家では買い物はほとんど生協とネットスーパーで済ませています。パパが単身赴任中なので、買い物に子供2人を連れていくのが面倒なこと、平日は買い物に行く時間がないこと、そして重い荷物を1人で持つのが大変だということが主な理由です。

一方、生協やネットスーパーの場合、一旦必要そうなものを買い物かごに入れておいて、合計金額を見ながら今回買わなくてもよいものを削除できるのが予算管理の面でとても便利。実際のスーパーだと、お会計の時に予算オーバーでも調整が難しいので、とても助かっています。

before after　食材はネット注文で家事ラク&出費も調整

電車の中でもできて
ラクチン

注文を忘れちゃいそう…

→ スマホアプリを使って スキマ時間に注文する

生協やネットスーパーは平日の夜などにPCで注文することが多いのですが、生協は毎週注文締め切りの曜日が決まっているので、「しまった！ 注文忘れてた！」ということもしばしば。その場合は、朝の通勤電車の中で、スマホのアプリから注文することもあります。その際、よく買うものはお気に入りに入れておくと便利です。

ムダな食材がいつも出る

→ 月1で冷蔵庫デトックス！ 不良在庫を徹底消費

我が家では、月に1回はギリギリまで買い物を控えて食材を減らす「冷蔵庫デトックス」を行うようにしています。どうしても、普段あまり使わない食材などは賞味期限を切らしがちでしたが、冷蔵庫デトックスをすることで半強制的に使うようになり、不良在庫がちゃんと消費できるようになりました。

ストックを溜めこみがち

↓ 収納場所を決めて「入る分」までしか買わない

日用品は、収納場所を決めてそこに入る分しかストックを持たないようにしています。例えば、ボックスティッシュはファイルボックスに入る分だけ。シャンプーや洗剤などもギリギリまで減ってから1本分だけ買い足します。ネットスーパーで買えば当日には届くので、余分なストックを持たなくても十分回すことができます。

＼買い過ぎないしくみを作る／
このなめらか質感、自信があります。

暮らしのRULE

料理

休日に常備菜は作らない！時短と節約を両立した食卓

profile

フルタイムで働く2児の母。背伸びしない「暮らし」の考え方や回し方について配信中。
Instagram @kurashigoto_

mikikoさん

買い物と料理はルーティン化 日曜だけ手のかかるメニュー

日曜日以外の主食メニューは事前に決めます(日曜日の夕食はその日に家族が食べたい物を用意)。主菜と副菜はあるもので当日に決定。また休みの日こそ予定がてんこ盛りなので、休日に作り置きをまとめて作ったりせずに、料理のついでに、野菜を洗う、切る、冷凍する、茹でる程度。仕事の日は帰宅後、すぐ仕上げに取り掛かれるように、朝か昼休みに夕食をキット化。(洗ったり切ったり調味料を合わせておく、道具を出しておくなど)

食材は毎週木曜日に1週間分をまとめ買い。日曜日の夕食分だけ日曜日に購入します。

before after 帰宅してできたてを30分以内でいただきます！

調理時の工夫を教えて

野菜はレンジで茹でて節約&時短を両立

レンジで野菜を茹でることでガス、水道代を節約、時短しています。ほうれん草は洗って濡れたままラップに包む、かぼちゃは切って少し水を入れラップをかけるなど。また、食材はあらかじめキット化しておくと時短に。

忙しい人は節約だけではなく時短も大切!

一軍だけを持つ!

欲しい調理道具が多い

調理メニューに合わせて必要な物だけを長く使う

自分が調理するメニューは限られているので、道具を多く持ちすぎないようにしています。見た目重視で揃えずに、使える物は使い続け、ある物ある数で欲張らずに。

お買い得品って買う?

値段や量に惑わされずに必要な物と数だけ買う

今週のお買い得、2本で何百円などのお買い得商品に惑わされず、必要な数と今必要な物しか購入しません。食材は値段や量に目が行きがちですが、沢山食べることよりも、美味しいものを少し食べるようにしています。宅配で届く食材も、産直のもの、各地の名産品など充実しています。

暮らしのRULE

食費削減

週1回、予算厳守でまとめ買い ゲーム感覚で楽しむ

ie___y さん

profile

eri(33)、夫(30)と兄弟(4)(2)の4人家族。あえて24坪の小さな平屋を建てました。長男を出産後に持たない暮らしを意識するように。

鮮度が重要なものだけは予算を残しておいて追加購入

食材はまとめ買いが基本です。ちょこちょこ買い物に行くと余分なものまで買いすぎるので、ざっくり献立を決めて、あらかじめスマホのメモに書き出します。買い物の際は、予算を守るためにスマホの電卓で計算しながら、肉、魚、野菜を中心にお買い物。お菓子や冷凍食品は、予算に余裕があったら。もともと料理が得意ではないので、仕事から帰ってから、献立が決まっているだけで少し気持ちに余裕ができました。

週の後半で、パンや野菜など鮮度の短いものは追加で購入するので、予算は全額使わないように工夫しています。

before after　献立を決めたことで余裕が生まれた！

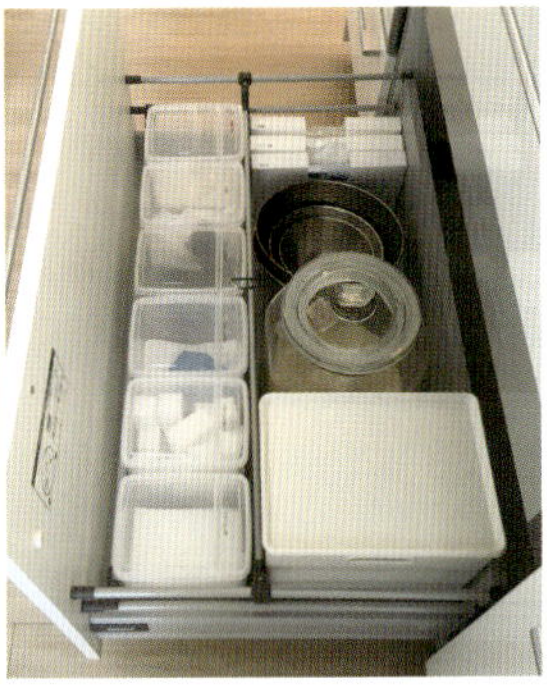

賞味期限切れを防ぐには？

➜ 透明ケースに入れ替えて 買い物前に在庫チェック

断捨離を実行したところ、賞味期限切れ食品が多いことが判明。改善のため食材を透明容器に入れ替え！ 買い物前に在庫を確認してメモした上でお買い物へ。日用品も同様にしています。買い物前のひと手間で、残りがあるか不安で買って帰ったらまだ家に新品が残っていたり、ないものを買い忘れてまた買いに行ったりという、無駄な労力と時間を減らせました。

買い物前のひと手間で
無駄な時間と労力が激減！

予算を守るのが難しそう…

➜ ゲーム感覚でOK！ 臨機応変に 浮いたお金で嗜好品も購入

予算を守ることは、難しそうですが私はゲーム感覚で楽しんでいます♪ 予算が余ったら貯蓄になるし、お菓子などの嗜好品も買ってOK！ そのため、献立を決めて買い物に行っても特売品や見切り品でメインの料理を変更し、浮いたお金でビールを買う時もあります！

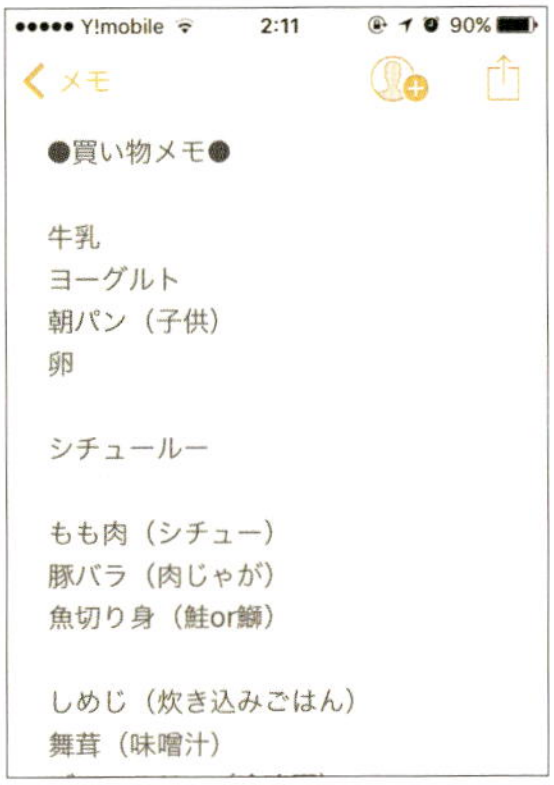

外食を減らすコツは？

➜ ご飯はなるべく冷凍、 お昼ご飯はお弁当

子供が小さく、ゆっくり食べられないので頻繁に外食には行かなくなりました。ご飯はなるべく冷凍しておいて、お惣菜で簡単に済ませたりします。ラクに節約もでき、外食でのイライラもなくなり一石二鳥です。また、お昼ご飯は外食せずにお弁当を作っています。お弁当とお茶持参で、約月7,000円分の節約！

／お弁当でランチタイム！＼

暮らしのRULE

掃除

「持ち過ぎない」ことで出費も手間も少なくする

profile

フルタイムで働く2児の母。背伸びしない「暮らし」の考え方や回し方について配信中。
Instagram @kurashigoto_

mikikoさん

過ぎ行く時間と共に行えば小さな負担でスッキリキープ

仕事をしているとじっくり掃除の時間を確保するのが難しいです。やり始めたらキリがない掃除ですが、バランスを考えながら、不快に、そして負担に感じないように清潔を保っています。

例えば掃除機がけは休みの日に週2回、気になる時はクイックルワイパーで払う程度、洗面所やトイレ、お風呂は入ったついでに掃除します。

玄関は家族が出払って靴がなくなってから出勤前にひと掃き。掃除の時間を作るのではなく、過ぎ行く時間と共に行うことでムダを省いています。

before after　割り切る気持ちが大切！

洗剤ってどれくらいある？

専用洗剤は数を絞り 手間や出費のムダを少なく

専用洗剤を沢山持っていると管理と手間がかかる上、出費と場所もかさみます。ある程度数を絞っても大丈夫。食器洗い洗剤で上履きやお風呂を洗い、ハイホームやメラミンスポンジで水垢と茶渋などを落とし、塩素系漂白剤でカビ取りや除菌消毒をします。トイレ掃除は、流せるトイレブラシとペーパー、まめピカで拭きます。

＼ ラクな上に節約にも！ ／

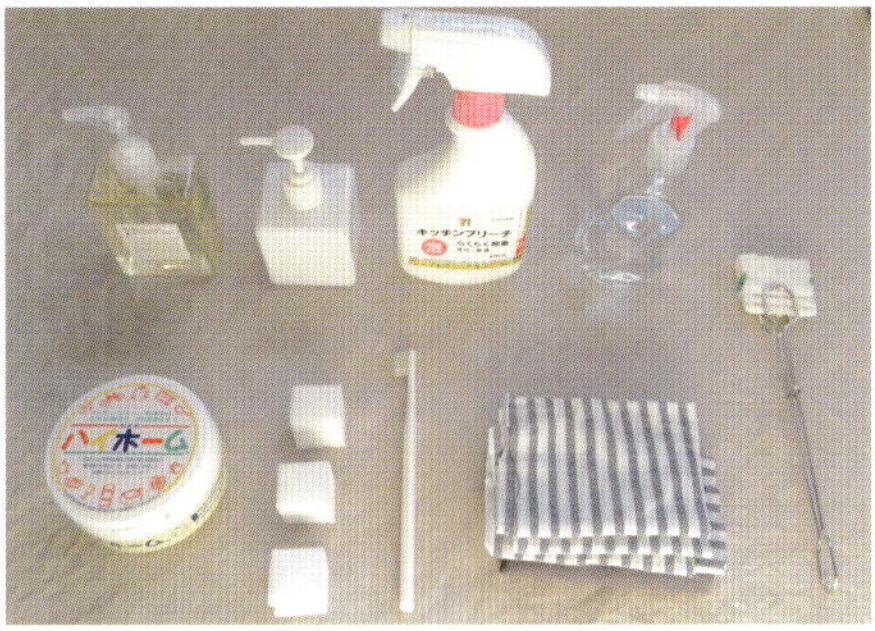

キッチン周りの掃除は？

洗えるキッチンペーパーなら 時短で清潔、物が少なくて済む！

ふきんやシンク洗い用スポンジは持たず、洗えるキッチンペーパーを使用しています。「食器拭き→台拭き→コンロ掃除→シンク掃除→ゴミ箱拭き→捨てる」の順で使います。途中で洗えるし乾きも早くて優秀！ ふきんを消毒してもスッキリしなかった気持ちから解放されました。

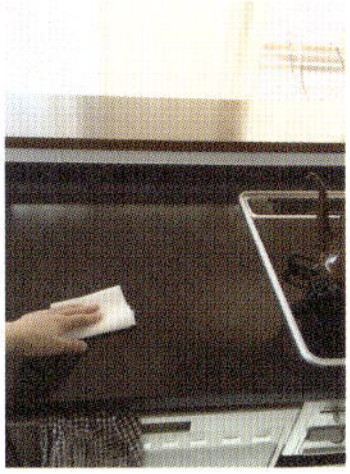

ついで家事で
水と時間を有効に使う

お風呂の有効活用は？

お風呂掃除と上履き洗いは 入浴時に済ませて 節水＆時短

節水と時短のため、お風呂掃除と上履き洗いは入浴中に済ませます（上履きは各自子どもが洗います）。入浴直後だと石鹸かすや雑菌をすぐに洗い流せますし、夏の暑さや汗、冬の寒さや冷たさから解放されます。

暮らしのRULE

節電

長い時間過ごさない空間のダウンライトは間引く

profile

フルタイムで働く2児の母。背伸びしない「暮らし」の考え方や回し方について配信中。
Instagram @kurashigoto_

mikikoさん

水道光熱費の表を作成して前年度の同じ月と比較

マイホームを持った初年度、部屋の数や電気の数、空間の広さが変わったことで、賃貸暮らしよりも確実に電気代が上がってしまいました。

そこで、まずはアンペア数を下げました。また、家計簿にも水道光熱費の表を作って毎月記載することに。電気は時期によって変動するものなので、使いすぎなどを把握しやすいよう、前月と比較するのではなく前年度の同じ月と比較するようにしています。

いくら使っているかを把握し、私の意識が変わったことで、今ではずいぶんと抑えることができるようになっています。

before after 意識と過ごし方を変えて余計なエネルギー削減！

照明が多すぎる気が…

➔ 長時間いない場所のダウンライトは間引く

ダウンライトって沢山ついていますよね。試しに、廊下や寝室のダウンライトを数個残して外してみました。長く居る場所ではないので全然大丈夫でした。

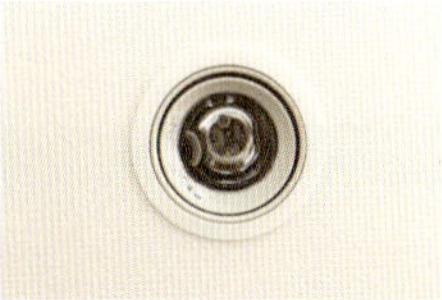

＼ 夏の部屋 ／

＼ 冬の部屋 ／

冷暖房代がかさみがち…

➔ 季節によって過ごす部屋を変える

夏はキッチンから離れた部屋で、冬はキッチンに近いダイニングで過ごします(我が家はへんな間取りです…)。そのほうが心地よく過ごせて、かつ冷暖房費を抑えられます。

節約したいけど植物が好き！

➔ 手間と出費をかけすぎず植物のある暮らしを楽しむ

庭に植える植物は常緑樹や毎年咲く花を育てて時々剪定しながら楽しみます。部屋には毎日水をあげなくてよい観葉植物や花を置くようにしています。

手間と出費がかかりすぎない植物をなるべく選びます

暮らしのRULE

部屋作り

お金をかけずにスッキリ おしゃれに見せる3ステップ

profile

ブログ「ワーキングマザー的整理収納＆北欧インテリア」主宰。パパが単身赴任の中、男児2人の育児と家事、仕事の両立に奮闘中。

akiko さん

いきなりお金はかけない！ まずは100均で揃える

現在は整理収納アドバイザー1級の資格も取得し、インテリアも楽しめるようになった我が家ですが、元々はとても片付けが苦手でした。そのため、まずは家事や育児の負担を軽くする「ストレスフリー」な収納方法を考えて実践し、そこから「スッキリ」、さらに「ステキ」なお部屋づくりにステップアップしていきました。

「お金をかけないとダメ？」と思わずに、最初は100均のアイテムなどを中心に揃え、ある程度完成したら徐々に見た目にもこだわったアイテムへの買い替えにチャレンジすると、失敗も少なくて済みます。

before after 「ストレスフリー」な収納で家事・育児がラクに

＼ 全て統一するのが大切 ／

安っぽく見えない収納は？

ホワイトボックスで統一して見た目スッキリ

キッチンの吊り戸棚はホワイトのボックスで揃え、見た目をスッキリさせています。このボックスはキャンドゥで購入したものですが、質感がしっかりしているので100均のアイテムでも安っぽく見えないところがお気に入りです。それぞれ「麺類」「お弁当グッズ」など1ボックス1カテゴリに分けて収納し、ラベリングしています。

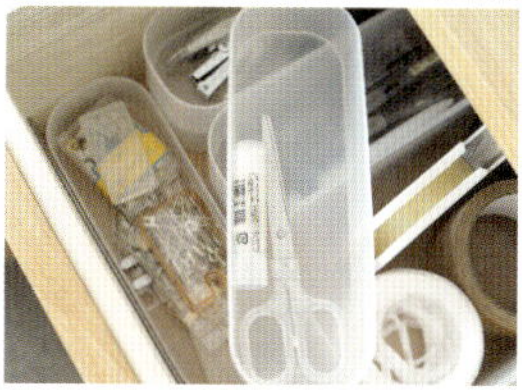

安いのにスッキリ片づく便利アイテム

ごちゃつきがちな引き出しは？

引き出しは100均の透明ケース使用頻度の高いものは上段に

リビングのキャビネットの引き出しは、ダイソーのボックスで仕切って文具などを収納。ペンやのり、ハサミなどの文具の収納はボックスを2段重ねにしていて、上段によく使うもの、下段に使用頻度の低いものを入れることで出しやすく見た目のごちゃつきも抑える工夫をしています。

子どもにやさしいおもちゃ収納は？

100均のフタ付きボックスは見た目もよく軽いので便利

ブロックなどのおもちゃはキャンドゥのフタ付きボックスに入れて重ねて収納しています。こちらのボックスはフタとボックスが別売りですが、100均とは思えないほどしっかりしていて、プチプラでも高見えするアイテムです。軽いので子供が持ち運ぶのにも便利で重宝しています。

暮らしのRULE

部屋作り

手軽なプチプラアイテムは使い方次第でオシャレ感を演出

profile

ブログ「ワーキングマザー的整理収納＆北欧インテリア」主宰。パパが単身赴任の中、男児2人の育児と家事、仕事の両立に奮闘中。

akiko さん

季節によって変えるものほどお金をかけずに楽しむ

元々飽きっぽい性格ということもあり、インテリアやディスプレイは季節などに合わせてちょこちょこ変えたいと思っています。

ですが、その都度高価なものを揃えていてはお金もかかってしまうため、100均などのプチプラアイテムをアレンジした、手軽に楽しめるディスプレイにチャレンジしたり、ファブリックやポストカードなど手軽に楽しめるアイテムを活用。

プチプラのアイテムだけではチープに見えてしまう時は、お気に入りの上質なアイテムと組み合わせると少しランクアップして見えます。

before after　「プチプラ×上質」の組み合わせでランクアップ

リビングを雰囲気よくしたい

→ 100均フレームに 上質な生地を組み合わせて

リビングの壁面のディスプレイスペースには、100均のフレームに北欧生地を入れたものと、お気に入りのショップでお買い物をした時にもらったオシャレなポストカードを飾っています。カイ・ボイスンのモンキーやマリメッコの生地など上質な北欧雑貨を組み合わせると、プチプラアイテムもスタイリッシュに見えます。

「プチプラ×上質」ならチープに見えない！

汚れやすいトイレを飾るには？

→ プチプラアイテムの組み合わせで オシャレディスプレイが完成

トイレには100均のワイヤーラティスに目玉クリップでポストカードなどをくっつけ、一緒にプチプラのフェイクグリーンをディスプレイ。カウンターの上には、お気に入りのトレイに3COINSのスレートプレート、プラントハンガー、そして「&」のオブジェをスプレーでペイントしたものを組み合わせて飾っています。

100均には気に入った色がない…

→ プチDIYでオシャレに変身 フリー素材や照明も活用

100均の白のフォトフレームをサイズ違いで購入し、いくつかを黒くスプレーでペイントしたものにフリー素材のポストカードを印刷したものを入れて壁に配置し、海外インテリア風のディスプレイに。北欧風の星型の照明でライトアップすると、プチプラアイテムでもオシャレ感がアップします。

スプレーを使ったペイントは手軽に挑戦しやすい

暮らしのRULE

部屋作り

年間24万円の節約！小さな家でムダなく心地よく

profile

夫と子ども（0歳）の3人家族。1LDKの小さな家を自宅兼仕事場にして暮らしています。

ピノ子さん

コンパクトな暮らしは家賃以外にもメリットが

2LDKから1LDKへ、以前よりも一回り小さな家に移り住んだことで、家賃が月2万円下がりました。家賃は固定費なのでムリがなく、それで年間24万円の節約に。そのお金で旅行や外食を楽しむこともできます。

小さな家は狭くて不便かと思いきや、反対にたくさんのメリットがありました。家のなかのスペースが簡潔になったことで、掃除がラクになったり、余計なモノを買わなくなったり。以前住んでいた家よりも、モノの管理がシンプルになり、住みやすい、心地よい住空間が作りやすくなりました。

before after　家賃も生活費も減って、暮らしもシンプルに

買い物はどう変わった？

➔ 余計なモノを買わなくなった！

家が小さいと収納スペースが限られてきます。これがかえって余計なものを買わないモチベーションになりました。何も考えずにモノを買うと置き場に困ってしまうので、買う前にしっかり吟味するようになりました。おかげで暮らしがシンプルに。

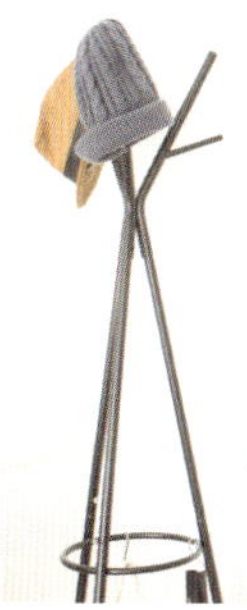

＼ 毎日掃除しても苦じゃない！ ／

狭くて不便じゃない？

➔ 床掃除がラクチン！キレイをキープしやすい

部屋数が減ったことで、特に床掃除がラクになりました。気が付いた時にささっとできるので、毎日のように掃除をしても億劫になりません。また家が小さいおかげでモノが部屋に散乱することも減りました。片付けの手間もほとんどかからなくなって家をキレイに保ちやすくなりました。

家賃が減った分、外食時は楽しむ♪

小さな家って我慢が多そう…

➔ 無駄な外出減！逆に外食時は以前より贅沢に

家が心地よくなると、気分転換のために外出することがなくなり、よい節約の循環に。一方で、家賃の負担は減ったので、外食するときは以前よりも「いいお店へ行こう」という意識が芽生えました。素敵なカフェへランチに行ってみようなど、行くお店をちょっとだけグレードアップして楽しんでいます。

暮らしの
RULE

支出整理

「なくてもいいな」は省くと お金も部屋もスッキリ

profile

ブログ「ワーキングマザー的整理収納＆北欧インテリア」主宰。パパが単身赴任の中、男児2人の育児と家事、仕事の両立に奮闘中。

akiko さん

雑誌は読み放題サービスで本は棚に入る分だけ持つ

私は雑誌や収納本が大好きなのですが、読みたい雑誌を思いつくままに買ってしまうと、本棚も溢れて気がつけば大量に横積みに…という状態に。

そのため、最近では雑誌の読み放題サービスを有効利用して、本は棚に入る分しか持たないルールにしたことで収納にもゆとりが生まれました。

また、ネットでお買い物をする時はポイントが溜まるタイミングを狙います。楽天の場合は月に何回かポイントがお得になるキャンペーンがあるため、その時に欲しいものや日用品をまとめて購入することで支出削減に繋げています。

before after　雑誌は読み放題サービス活用で収納もスッキリ

読み放題ってどういいの？

ポイント払いができたり
時短にもつながる

雑誌の読み放題サービスは、ポイント払いが可能なので楽天マガジンを利用しています。雑誌を買わなくて済むことによる金銭的メリットや収納スペースにゆとりが生まれるメリットの他にも、ワンオペ育児でなかなか本屋さんに行けない私にとっては、発売日にすぐ読めることも嬉しいポイント。通勤電車の中で読めるのも便利です。

＼ 不要なものは家に入れません ／

ついついムダ買いしがち

使うシーンや置き場所など
目的が明確なものだけ買う

基本的にお買い物大好きの私ですが、「使うシーンが具体的にイメージできている」「置き場所が確保できている」ということが買う時のマイルール。目的が不明確なまま買ってしまうと、結局なんで買ったんだろう？ということになりがちなので、このルールに当てはまらないものは家に入れないように気をつけています。

＼ 不要な服やバッグは早めに潔く手放したほうがオトク ／

1シーズン通して一度も着なかった、使わなかった服やバッグなどは、基本的にフリマアプリで売るか買取サービスに出すようにしています。着ない服は早めに売った方がいい値段がつきやすいため、ときめかなくなったら潔く手放して、売ったお金を次の洋服を買う資金に回します。

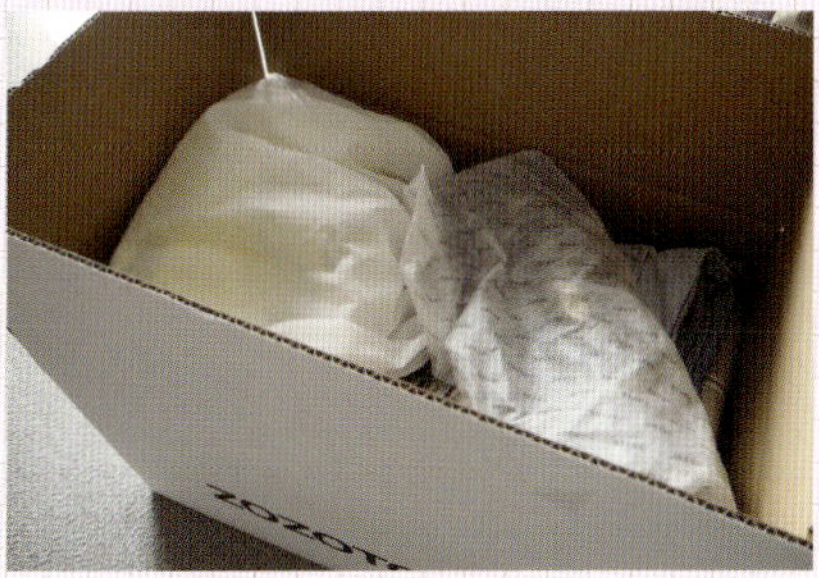

暮らしのRULE

支出削減

スーパーははしごしない。わずかな節約より時間の節約

profile

夫と子ども（0歳）の3人家族。1LDKの小さな家を自宅兼仕事場にして暮らしています。

ピノ子さん

細かな節約が苦手なので毎月かかる費用を最小限に

スーパーのはしごをしたり、電気をこまめに消す節約は努力ほど効果が少なく、私には向いていませんでした。そのため、食費や光熱費については大目にみるようにしています。

私が節約のために目をつけたのは、固定費の削減です。固定費であれば、一度見直してしまえば、後は自動的に節約されるので、ストレスがありません。

84ページでも述べた通り、家賃は小さな家に引っ越したことで月2万円の節約に。それ以外にもスマホ代・保険料など、毎月かかる費用は最小限になるように見直しました。

before after　固定費を見直すことで、ストレスなく節約に

＼通話はLINE無料通話などを活用♪／

スマホはどうしてる？

➜ 格安スマホで月1万円節約！

夫婦揃って、スマホを大手キャリアから格安SIMへ乗り換えました。以前は2台で月々1万5,000円以上かかっていましたが、いまでは4,000〜5,000円程度に。ザッと計算しただけでも、月1万円の節約です。通話代も、LINEの無料通話や楽天でんわ、FaceTimeを使うことで節約しています。

保険料は多いほうがいい？

➜ 最低限で済むように知識をつけて検討

生命保険料は人生の三大支出の1つと言われているそうです。ムダな保険料を払わずに済むように、保険に関する本を読んで勉強中です。子どもが産まれたので、現在は夫の保険を検討しています。

ムダな保険料は払いたくない！

＼自動車保険見直しで年間4万円安くなりました！／

自動車保険を更新のタイミングで見直し、年間4万円安くすることができました。我が家は夫婦で1台の中古車に乗っているのですが、保険料を安くするために、より安い保険会社へ乗り換え、さらに車両保険の解除や運転者の限定を行いました。車を購入したお店に勧められるがまま保険に加入していましたが、自分たちの暮らしに合わせたものに見直してよかったです。

暮らしの RULE

支出整理

電子マネーは断捨離！「うっかり浪費」の防止ワザ

profile

eri(33)、夫(30)と兄弟(4)(2)の4人家族。あえて24坪の小さな平屋を建てました。長男を出産後に持たない暮らしを意識するように。

ie___y さん

お財布を整理したら浪費を防ぎやすく！

お財布の整理を心掛けています。中がレシートでごちゃごちゃすると、いくら入っているか把握できなくなるので、全部中身を出して整理します。以前は電子マネーを使っていましたが、使う店舗が限られたり、いくら入っているかわからず多めにチャージしてしまい管理が面倒で、断捨離して現金のみに。こうしてお財布を整理し始めてから、財布にいくら入っているかが常に把握できるようになりました。浪費しやすいクレジットカードは、使用したら請求がくる前に引き落とし口座に入金。使った金額を把握しているので、請求書を見るのが怖くなくなりました(笑)

before after　お財布の金額を常に把握！請求書も怖くない！

格安スマホって不安…

➡ 使い心地は変わらずに年間3～4万円の節約

家計管理の中で一番無駄に感じていたのが、通信費。格安スマホは安いだけで不便がありそうで替えるのに躊躇していました。でも、節約したい欲が勝ち、検討してYmobileに乗り換えました。結局、使い心地は変わらず、機種は新しくなったのに年間で3～4円万ほどの節約に。もっと早く変えればよかったなーと感じています。

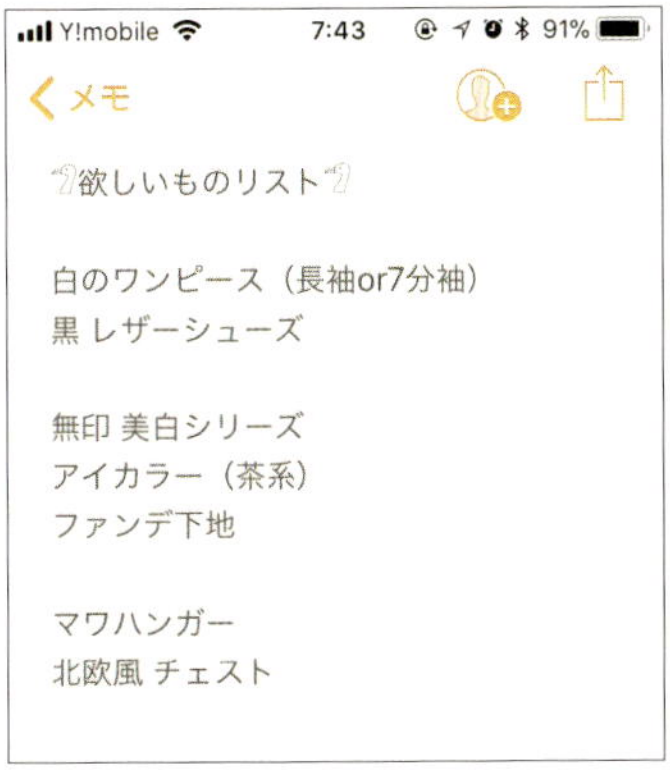

リストを見ながら自問自答

欲しいものがいっぱい

➡ 衝動買い防止のための「欲しいものリスト」

衝動買いをしないように、いつも「欲しいものリスト」をスマホにメモっています。ただ欲しい！ではなく、買ったら大切に使えるか？それを手にしたら、生活や気持ちが豊かになるか？と自問自答して、リストにあるものを優先的に購入します。

＼ 安さに惑わされずに！ ／

100円均一では安くて散財しがち

➡ 消耗品中心に購入し安くても目的なく買わない

絶対ではないですが、100円ショップでは消耗品をメインに購入します。断捨離時に捨てたものの中に100円ショップのものが多く、そのほとんどが目的のない衝動買いしたものだったからです。収納ケースなどを買うこともありますが、「安いから」という理由で買うことはやめました。

暮らしのRULE

子ども

子どもの「やりたい」ができた時に向けて毎月貯蓄

profile

フルタイムで働く2児の母。背伸びしない「暮らし」の考え方や回し方について配信中。
Instagram @kurashigoto_

mikiko さん

今は習い事をムリに勧めず近い将来に向けて準備する

子どもたちの世界ではきちんと情報は流れていて、自然とやりたいことが出てきます。子どもたちが興味のある習い事はやらせたいですが、本人が楽しくできていないならダラダラ続けないのが大切だと考えています。何が正解かは各家庭の考え方、その子の性格、生活で全然違うと思いますが、我が家で大切にしたいことは、周りの家庭や環境に流されないでいること。いつか本当にやりたいこと、やらなければならないことができた時に、躊躇なくサポートができる体制を準備しておこうと思っています。その時までに毎月貯蓄！

before after　近い将来の塾代や部活の資金を確保！

勉強机やベッドは？

➜ 成長しても使えるものや、家に残っても使えるものを選ぶ

我が家では、入学を機に子供たちに勉強机やベットを買い揃えませんでした。子どもの趣味や好みはコロコロ変わります。成長しても使えるようなもの、家に残っても使えるようなものを選びます。今はキャビネットの上にランドセルを置き、引き出しの中に教科書や毎日持って行く持ち物を。ランドセルを使わなくなる頃には子ども部屋を整え、キャビネットはそのまま収納に活かします。

外出時の飲み物代がかさむ

➜ 子ども用に必ず水筒を持参

出かけると、子どもってすぐに「喉乾いた」って言いませんか？ だから、外出時は必ず水筒持参です。自動販売機やコンビニで飲み物を気軽に買える環境ですが、買い出すと親も子も買うことに慣れてしまいます。お金がかからないだけではなく、すぐに飲み物を差し出せると親も子も気持ちに余裕ができます。

手間のかからない
休日の贅沢です

お金をかけない休日の過ごし方は？

➜ 日曜だけはよい素材で家で楽しく食べる晩御飯

日曜は、週に1度だけ家族揃って食べられる日。少しよい素材のものを選びお家で楽しく食べられるようなメニューにします。リクエストが多いメニューは手巻き寿司、しゃぶしゃぶ、ステーキ、焼肉、お鍋など、準備が簡単で美味しいので私も満足。場所を変えてベランダやウッドデッキで食べるのも気分が変わって楽しいです。

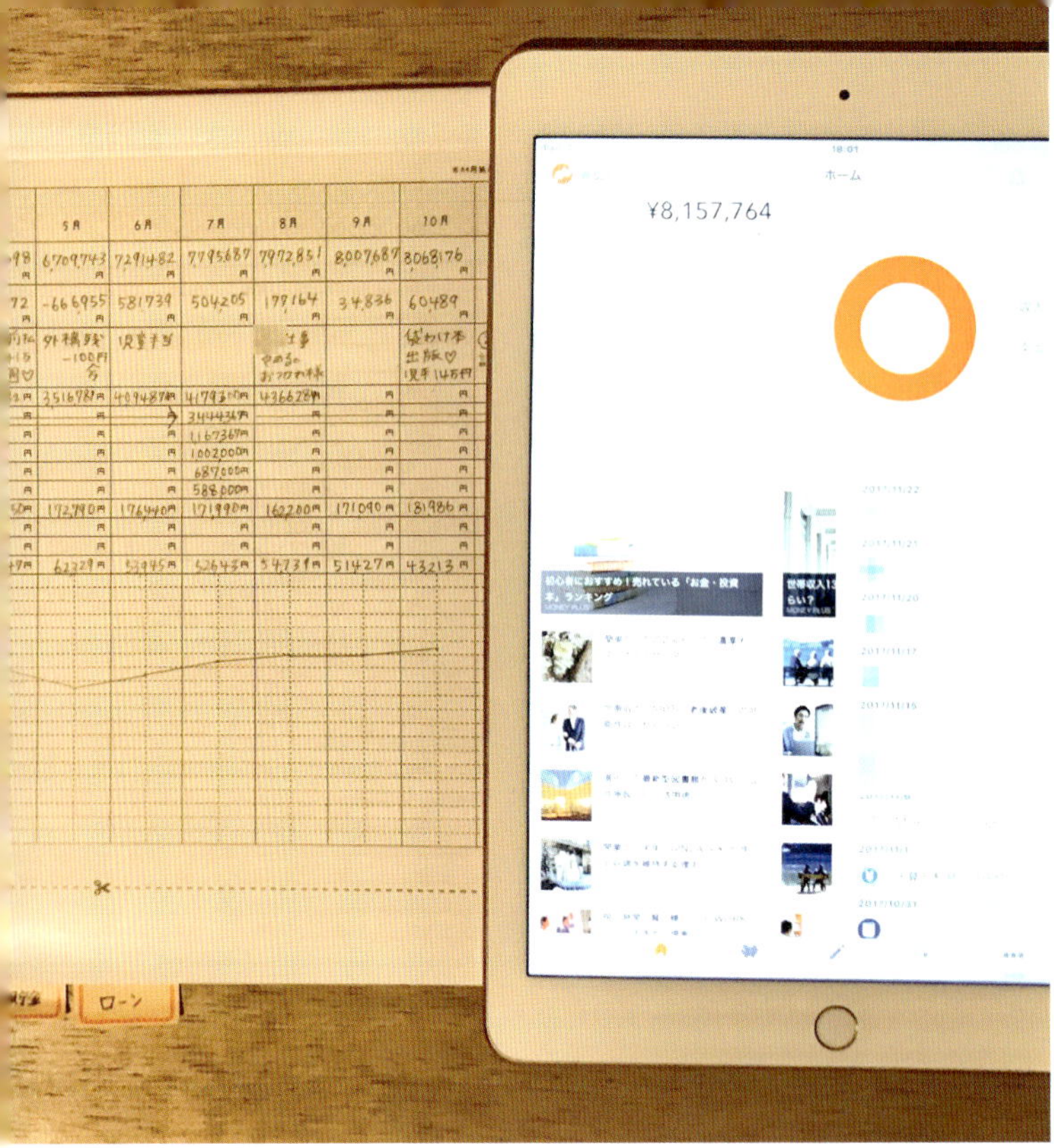

暮らしのRULE

マインド

がんばりすぎずに今ワクワクするほうを選ぶ

profile

hana（ブロガー）と夫・子ども3人の5人家族。著書「ずぼら主婦でもお金が貯まる！ hana式袋分けファイル家計簿」（カンゼン）。

hanaさん

お金も大切だけど人生の中で時間はかけがえのないもの

3回の出産を通して、月日の流れの早さに、人生って自分が思うよりもっと短いのかもしれないと感じています。一度きりの人生。かけがえのない時間を小さなことでイライラして過ごしたくないと決意し、がんばらない生活に切り替え。架空のよいママ像・完璧な妻像を目指さずに、自然体で今私ができることの中で食べたいものを作り、着たいものを着て、嬉しいことをするなど自分の心を優先していくと、「やらなければならない」の呪縛が解かれて、毎日がワクワク楽しいものに！ お金は大切だけど、自分の心や時間も大切にすると心がけています。

before after　できないことは人や家電に頼れるように！

家事や節約ばかりで疲れる…

➜ 家電などに頼って適度に力を抜く

我が家は子ども3人のため汚れ物が多く、洗濯の回数も多い…。疲れていると、たたむこと、しまうことが難しい時も。脱衣所に除湿機を設置してランドリールームとしても使うことで、すぐ乾くので時間を気にせず洗濯できます。さらに一時的に洋服をかけておくサボリコーナーを作ることで片付けへの気持ちも楽に。無駄なイライラが激減。

情報収集に時間をとられがち

➜ お気に入りの情報だけが自動的に届くようにしておく

インターネットを見ているといくらでも時間が経ちますし、悲しいニュースや嫌なコメントも頻繁に目につきます。自分のお気に入りだけRSS登録したりメルマガ登録、またSNSをフォローしておくなど、自分で情報を探さなくても、自分のもとにお気に入りの情報が届くようにしておきます。役に立つ情報はすぐにメモ！無駄なネット時間が激減。

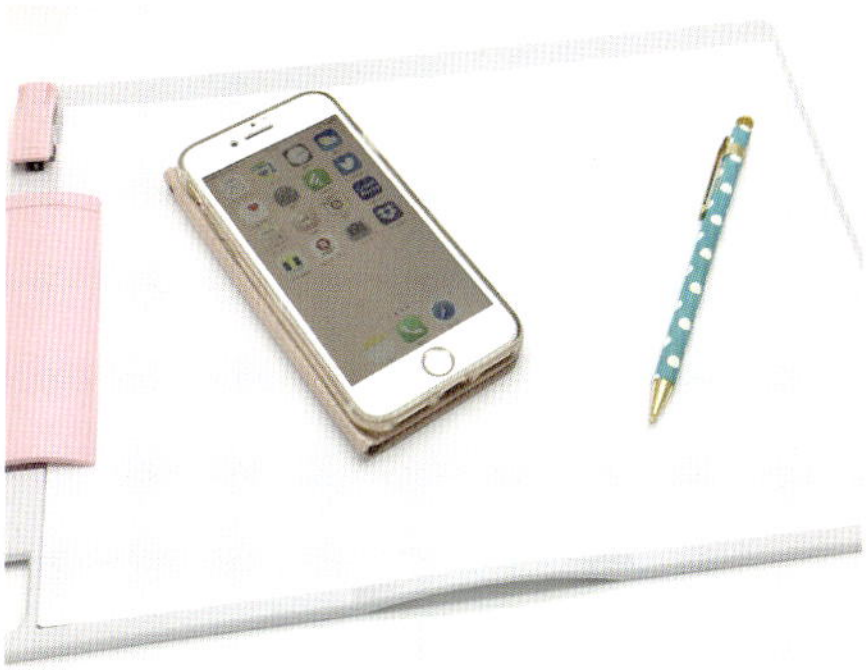

時間はお金以上に大切！
情報収集に時間は
かけすぎないで！

＼ご飯があるだけで大違い！／

疲れた時の外食防止法は？

➜ 炊飯器だけはスイッチON！外食や嗜好品の無駄買い減

家族で出かける時はとりあえずお米を炊いておくと、家にご飯が炊けているから外食しないでおこうと思えるように。帰宅時の疲れ度によって、おかずを買う、またはカレーや魚を焼くだけなど簡単なものを作ると使い分け。疲れたから作りたくないという外食やお腹が減って嗜好品を余計に買いすぎる無駄遣いが激減。

暮らしのRULE

マインド

「身の丈」に合った暮らしを見極める

profile

フルタイムで働く2児の母。背伸びしない「暮らし」の考え方や回し方について配信中。
Instagram @kurashigoto_

mikikoさん

上手く力を抜きながら日々をごきげんに過ごす

背伸びをせずに日々をごきげんに過ごす工夫をしています。例えば日々の食事は頑張りすぎない一方、お気に入りの器に盛り付けキチンと感を出したり、なんてことない卵やパンや野菜も、道具を変えると味や食感、気分が変わりちょっぴり楽しく美味しいごはんに。

忙しい時や疲れた時ほど、外食や総菜の買い物は案外面倒で時間がかかります。宅配やレトルト食品を上手く備えておけば、余計な労力やお金を使わず家でゆっくりできて子どもも自分も気持ちが満たされます。子どもたちと家で食事をする時間を大切にしたいです。

before after　本当に大切なモノ、コトが見えてきた！

気持ちにゆとりを生むには？

➜ 家の中に自然のものを取り入れる

子どもたちには自然にたくさん触れながら育って欲しいです。自然が作り出さすものは素晴らしい。人工的なものより葉っぱや実、花を飾るようにしています。家事の途中でパッと目がとまると少し丁寧に家事をしてみたり、気持ちにゆとりが生まれます。

節約ばっかりだとしんどい…

➜ 毎日使う物は好みを優先してごきげんをキープ

節約はとっても大切だけど、毎日使う物やよく目にする物は自分の好みを優先します。例えばティッシュボックス、器、基礎化粧品など。ごきげんに暮らす秘訣です。

毎日のことだからこそこだわる

＼ 子どもも喜ぶ豊かな時間♪ ／

子どもに豊かな体験をさせてあげたい

➜ 季節の保存食やお菓子作りなど一緒に楽しむ

私が子どもたちに与えたいコト、モノ。オモチャを買い与えるのは簡単ですが、私はおうちで一緒に旬のものを食べたり、季節の保存食やお菓子を作ったり、一緒に楽しむことに時間やお金を使いたいと思っています。将来大人になった時に記憶の端っこにお母さんが大切にしていたコト、モノが残ってくれていたらいいな。

暮らしのRULE

習慣

「買わない／買わせない」習慣を身に付ける

profile

フルタイムで働く2児の母。背伸びしない「暮らし」の考え方や回し方について配信中。
Instagram @kurashigoto_

mikikoさん

毎日のコーヒーはなるべく自家製に

旦那さんには、毎朝出勤中の車内で飲めるようにコーヒーを持たせます。私も以前は、朝、コンビニに立ち寄りコーヒーを飲むひと時を幸せに感じていました。だから仕事前に寄ってコーヒーを一杯…という気持ちがすごく分かります。でも、家計管理を真面目に考え始め、自分だけではなく家族にもなるべく買わない習慣を身に付けてもらいたいと思っています。今の私はコンビニには入らない、自動販売機は使わない、スタバはご褒美にする！ことを習慣付け。家族に節約をお願いする前に、まずは自分のお小遣いを減らし、無駄遣いせずに節約を実践しました。

before after　習慣を変えたらお金の流れが変わった！

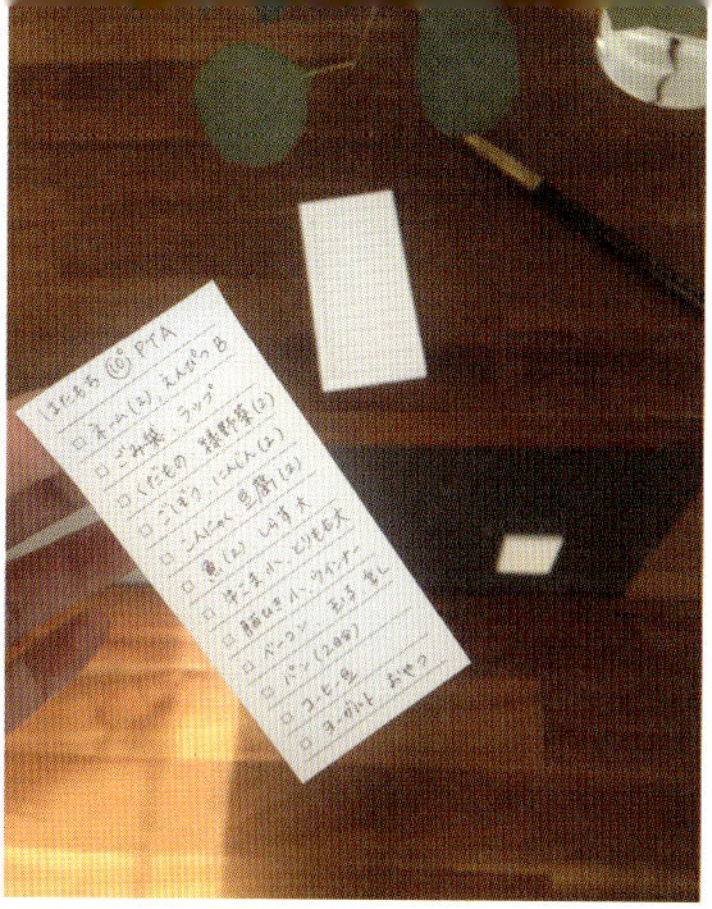

満足のいく1日を過ごす秘訣は？

行動＆買い物リストで時間とお金の無駄遣いをなくす

1日の始まりに、時間とお金を無駄にしないように、行動リスト、買い物リストを簡単に作ります。スーパーの買い物はムダのない経路で食材をカゴに入れていけるよう購入する順に書きます。自分の中で休日の決め事は、欲張らずに予定は1つもしくは2つまでにすること。目的を記載しておくと頭の中が整理され、余計な時間と余計なお金を使わず満足した1日を送ることができます。

＼物を買うよりスッキリ！／

イライラすると衝動買いしがち

キッチンなどの整理や水周り掃除で気持ちスッキリ！

イライラした時や気分が落ちている時こそ、キッチンや冷蔵庫を整理整頓、水周りを念入りに拭いたり磨いたりします。きれいになると気持ちがスッキリ前向きになれます。私の尖った心を整えてくれること。

自分の好きなものはどう買う？

少しずつ貯めたおこづかいでお気に入りを購入

習慣を変えることで、私のおこづかいは月３０００円まで減らせました。少しずつ貯めたおこづかいで大好きな器や本、お気に入りの基礎化粧品を購入します。欲しいなと思う物は沢山ありますが欲張らず人に流されず、自分のアンテナに引っかかった物を見極めます。少ないおこづかいでも十分に幸せを感じることができています。

少しずつ貯めて買うからこそ
大事に使えて幸せも倍増

暮らしのRULE

副収入

ポイントサイトや株主優待で我慢ナシで豊かに楽しむ

profile

住まいも家計もシンプルにすっきり心地よくをテーマに日々の「暮らしやすさ」を模索しています。夫、子ども2人の4人暮らし

hana.ienote さん

飲食系の株主優待は外出時にお役立ち

商品をネットで購入する際は、別のポイントサイトを経由することで、ポイントをポイントサイトとネットショップの両サイトで得ています。ポイントサイトのポイントはある程度貯まったら現金化が可能です。また読み終わった本、着なくなった服は宅配買取を利用することも。

その他に、配当金の良い会社、あると便利な株主優待を発行している会社の株式を購入し、日々の生活に役立てています。特に飲食系の株主優待券は出先で食事をするときに重宝しています。

before after　返礼品で地域の特産品を知りながら美味しい食卓！

カードを有効に使うには？

➔ ポイント還元率が高いカードを固定費の支払いに使う

クレジットカードは年会費無料でポイント還元率が1.25％と高いREX CARDを使用しています。付与ポイントが支払いに充てられるところも重宝しています。公共料金、通信費、保険料などもクレジットカード払いにしているので、ポイントが貯まりやすいです。

＼ 家族みんなで楽しめます ／

ふるさと納税の返礼品は？

➔ 主に食卓に登場する食べ物を！返礼品ナシで寄付することも

我が家の食卓に登場するお米はほとんどがふるさと納税の返礼品です。また、すき焼き用のお肉や果物など地域の特産品を返礼品で頂き、家族で楽しんでいます。災害時などは該当の自治体に返礼品無しで寄付もでき、様々な場面でふるさと納税を活用しています。

洋服をお得に購入したい

➔ スーツやスニーカーは株主優待で購入

スーツはセレクトショップも展開する会社の株主優待で購入しています。スーツ以外にも、なかなかセールにならない人気のスニーカーや定番アイテムが、株主優待だと割引で購入できるところも重宝しています。

株主優待目当てで
株を購入するのは一つの手

暮らしのRULE

| 副収入 |

フリマアプリで不用品を手放し本当に欲しいものの購入資金に

ie___y さん

profile

eri(33)、夫(30)と兄弟(4)(2)の4人家族。あえて24坪の小さな平屋を建てました。長男を出産後に持たない暮らしを意識するように。

モノの増加を防止しながらお気に入りを購入

自分のお小遣いを増やすために、フリマアプリを利用しています。基本的にお買い物は好きなのですが、断捨離後は、自宅にあるものは常に一定量をキープしたいので、たくさん手放して、本当に欲しいものを1つ購入するための資金にしています。上の写真も、フリマアプリの売上で購入したお気に入りのブランドのシャツ。

以前は、「安物買いの銭失い」という言葉がぴったりとハマる生活でした。いまは本当にいいものを、少しだけ大切にしたいと思うようになり、使うお金は一緒でも、質の高い買い物ができているように思います。

before after 質の高い買い物ができるようになった!

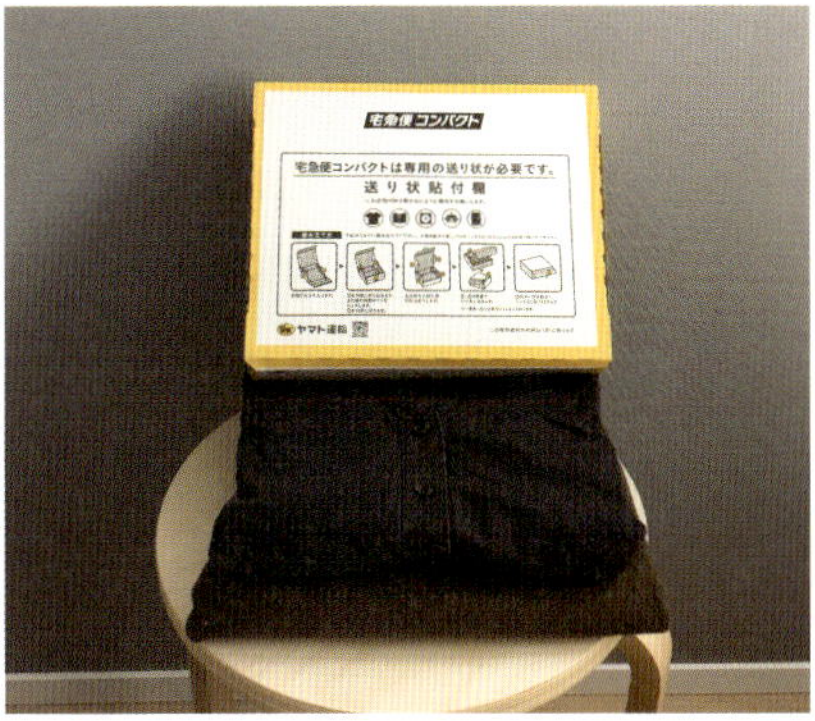

ワンシーズン着なかった服は思い切って処分！
状態のよいものはフリマアプリに出品★

どんなものを出品するの？

断捨離で出た洋服や未使用の雑貨を出品

断捨離と並行して、着なくなった洋服や、未使用の食器、赤ちゃん用品など、もう使わないけど、捨てるのはもったいないと思うものを出しています。

出品の際の工夫は？

写真はなるべくきれいに値段は相場に合わせます

たくさんある商品から、少しでも目に留まるように写真を加工しています。値段は、同じようなものを検索して相場にあった値段で出品します！ 買う人がわかりやすいように、サイズの実寸や着心地、なぜ手放すのかを書いたりしています（サイズが大きかった…など）。

＼売ったお金でこんなものを買いました！／

大好きなミナペルホネンのミニバッグ。持たない暮らしをキッカケに普段持つものを最低限にしたくてあえて小さいバックを。

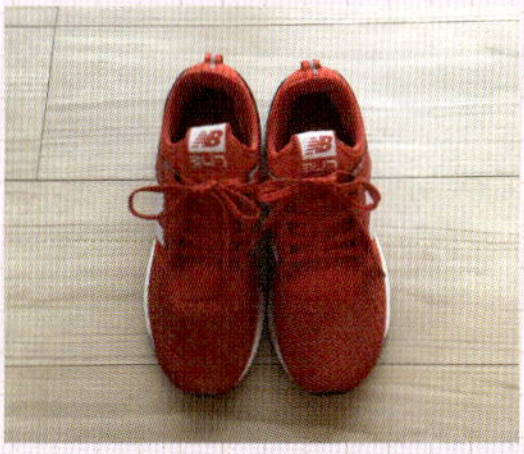

最近はモノトーンやアースカラーの洋服が多いので差し色に。このニューバランスの靴は色違いで3足目です（笑）

こちらもミナペルホネンのストール。大判なので使い勝手がよくてお気に入り。夏に買ったので定価の半額で購入。

暮らしのRULE

副収入

高く売りたい時はメルカリ、まとめて売る時は宅配買取

profile

夫と子ども（0歳）の3人家族。1LDKの小さな家を自宅兼仕事場にして暮らしています。

ピノ子さん

不用品を売って、片づけ促進！家も家計もゆとりアップ

家にある不用品はメルカリで売ったり、宅配買取にまとめて買い取ってもらうようにしています。最近は不用品を溜め込まず、「もう使わない」と思ったらすぐに売るようになりました。そうすることで、部屋がスッキリするだけでなく、高値で買い取ってもらいやすいです。

より高く売りたい時はメルカリで、まとめて売りたい時は宅配買取で、と用途に応じて使い分けしています。

before after 不用品を売ってみたら、総額10万円以上に！

＼しまっているだけの服は売る！／

洋服はいつ売る？

➜ しまいにくくなったら断捨離のタイミング

収納ケースに洋服をしまいにくくなってきた時が、わたしの断捨離どきです。1年間1度も着ていない、サイズがあっていない、気に入っていない、着古した洋服は手放す対象にしています。

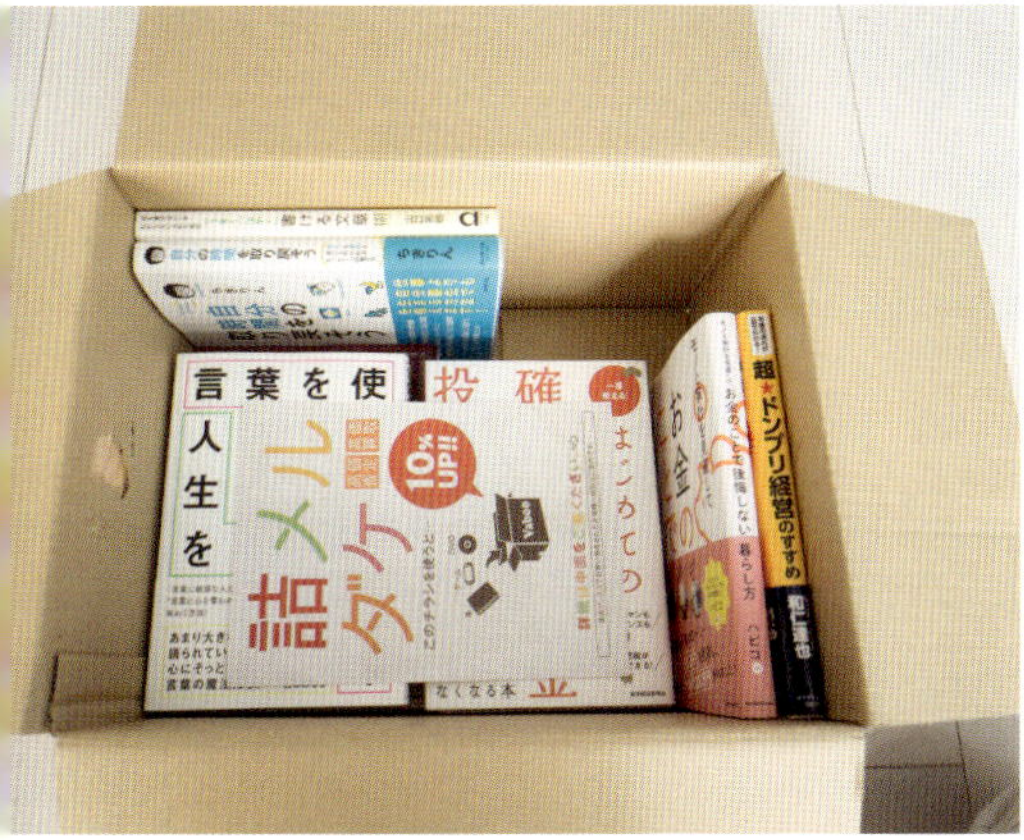

冊数が多いと持ち込みや出品が面倒

➜ 重い本は宅配買取なら運ぶ手間が省ける

読み終わった本はまとめて宅配買取にお願いすることが多いです。宅配買取なら本を詰めたダンボールを自宅まで取りに来てくれるので、重たいものを自分で持ち込む必要がありません。出産したばかりで外出できないときでも、本を買い取ってもらうことができて助かりました。

買取を頼む際はほんの少し意識してみましょう！

＼不用品買取&業者選びのコツ／

不用品を高く買い取ってもらうポイント

不用品を高く買い取ってもらうために、私は、以下の4つのポイントを意識しています。

①早めに売る（書籍は新書が高値で買い取ってもらいやすい）
②季節を考慮する（ふさわしい季節に売る）
③説明書や付属品も合わせる
④きれいに掃除する

宅配買取は業者選びが大切

宅配買取をお願いする業者は、以下の3つを重視して選びます。

①送料無料（キャンセル時の返送も無料）
②買取金額が高い（口コミを参考にする）
③申し込み手順が簡単

Column

「家計と暮らし」を整えるためにやめたこと

他の人にはよい方法でも、いざやってみると自分には合わないということも……。
そこで、みなさんに「やめたこと」を伺ってみました。
どうやら、負担になることや合わないことは、潔く「やめる」のがコツのようです。

生活スタイルに合わない宅配

子どもが小さいときは、食材の買い出しが大変で宅配を利用していましたが、一週間前に注文しなければならず食材の無駄も多かったです。宅配業者さんが来るときに在宅していたかったので、時間的にも負担に感じ今はやめています。

(hana.ienoteさん)

「安いから」で買うこと

「安いから」という理由だけで買い物することをやめました。値段だけで選んだものは結局、気に入らず買い替えることが多かったので、最初からしっかり吟味するようになりました。多少高くても本当に欲しいものを買うことで、ムダなモノを買わなくなり、家もスッキリしました。

(ピノ子さん)

夫への遠慮

私がやめたのは「夫に対する遠慮」です。以前は最初に決めた分担以上に夫に負担させるのは悪いと思ってしまい、突発的な出費などで自分の負担がかさむことも。今は夫が単身赴任中なので、お金の負担は夫中心にお願いすることで、バランスを取るようになりました。

(akikoさん)

レシート管理や毎日の家計簿

昔はレシートをとっておいたり、家計簿を必死に書いていたが、今は一切見なくなりました。時間に追われなくなり、1円も無駄遣いしてはいけないというプレッシャーもなくなりました。予算と貯金簿・袋分けを組み合わせて、好きなものを買ってもお金は貯まると確信でき、安心して過ごせるようになりました。

(hanaさん)

常備菜をたくさん作ること

常備菜をたくさん作るのをやめました。一生懸命作っても、同じおかずが何日も続くので、食卓がいつも同じようなメニューになり、結局食べきれず捨てることに……。いまはお弁当用に2品程度だけ作るようにしています。

(ie___yさん)

Part 4

メリハリ付けて豊かに暮らす
お金のかけ方とモノ選びルール

モノ選び RULE

頻繁に買い替えないアイテムは厳選 ただし衝動買いOK枠も設ける

01 akiko さん

profile

ブログ「ワーキングマザー的整理収納＆北欧インテリア」主宰。パパが単身赴任の中、男児2人の育児と家事、仕事の両立に奮闘中。

家具は憧れの品を最短距離で購入 共働きに必要な費用は割り切る

我が家のモノ選びの基本路線は、「厳選したものを、少しだけ」持つということ。特に家具などスペースを取ってしまうようなモノは、これなら一生大事にできる！　というアイテムを選び、妥協せずに憧れの品を最短距離で買うようにしています。

洋服も以前は流行りのプチプラアイテムなどに飛びついて、つい買いすぎてしまってすぐ飽きて着なくなる、ということもしばしばでしたが、今は着ていて自分が自信が持てるような服を厳選して選ぶように。

また、共働きなので病児保育や民間学童の費用などは今は仕方ないと割り切ってお金をかけるようにしています。

我が家の子供たちはオシャレな服を買っても気に入らないと全く着てくれません…。またすぐに穴を開けたり汚したりするので、子供服にはお金をかけないことにしています！

全てルールで縛ると息苦しくなるため「衝動買いOK」のアイテムも一部作っています。洋服関係ではスカーフやピアスなどはプチプラOKにして、コーデに遊びを持たせています。

ティーセットは特にこだわって厳選しています。永遠の一軍アイテムは以前から憧れだったスピサ・リブとパラティッシなので、基本的にはそれ以上買わないようにしています。

お金のかけ方ポイント

頻繁に買い替えないアイテムほど上質なものを

家具は処分するのも大変なので頻繁に買い換えるのが難しいアイテム。そのため一生モノと思える憧れアイテムは、多少奮発してでも最短距離で購入するようにしています。

洋服の中でもアウター類はあまり頻繁に買い替えないアイテム。流行りに流されずトレンチコートやダウンジャケットなどの定番アイテムで、かつ上質なものを厳選しています。

モノ選び RULE

一番奮発したのはマイホーム！高い買い物だけど暮らしが一変

02 ie___y さん

profile

eri(33)、夫(30)と兄弟(4)(2)の4人家族。あえて24坪の小さな平屋を建てました。片付けも掃除も苦手でしたが、長男を出産後に断捨離を始めて、持たない暮らしを意識するように。

日用品や子ども服や安くてＯＫ、ただし子どもの靴はいいものを！

主人とお金の価値観を擦り合わせ、我が家なりのお金の使う基準ができました。夫婦ともに、おしゃれや洋服が好きなので長く使える大人の洋服や、また買替えの頻度が少ない家具や家電にもお金をかけることに。一方で、サイズアウトしやすい子ども服は1シーズンで処分しても惜しくない値段のものを購入。日用品の消耗品も、メーカーにこだわらず安いものでＯＫ。ただし、子どもの靴にはお金をかけます。足は交換できないので、小さいうちからいいものを履かせたいと思ったからです。

衝動買いを防ぐために、必ず1度見て、気に入っても当日即決せず、一度家に帰って検討しています。

化粧品は必要最低限のもので。なくなったらすぐに買いにいけるドラッグストアや無印良品が多いです。美容院も前髪のカット540円を月1回をベースに。全体は半年に1回カットのペースで行っています。

一番奮発したものはマイホームです。高い買い物でしたが生活が一変。子どもが自由に遊べて、気軽にお友達を呼んだり、賃貸ではストレスだったことが全て解消。主人とも「本当に建ててよかった！」とよく話しています。

私のごほうびポイント

モチベーションアップにつながるお洋服と調味料

朝起きて、お気に入りの洋服を着て鏡の前に立つだけで「今日も頑張ろう」と思えるほど、洋服は私のモチベーションアップに必要なもの。だから、そこにはなるべくお金をかけたいなーと思っています。

あまり料理は得意ではないので、調味料は少しだけいいものを使います。少し贅沢な気分を味わえます（笑）。以前はマーガリンを使ってましたが、今はバターに切り替えました。

モノ選び
RULE

ストレスは溜めたくない！食費にはゆとりを、固定費は絞る

03 ピノ子さん

profile

夫と子ども（0歳）の3人家族。1LDKの小さな家を自宅兼仕事場にして暮らしています。

食べることが好きなので そこでガマンはしない

食べることが好きなので、ストレスを溜めないように、食費はゆるめに節約しています。スーパーでは値段にとらわれず、食べたいものを買い物カゴへ入れます。

休日は気分転換も兼ねて、行ってみたかったカフェに足を運ぶことも。食べたいこと、やりたいことにはなるべく予算を持たせています。その分、家賃やスマホ代などの固定費の節約に力を入れ、メリハリをつけています。

また、夫婦二人とも在宅勤務のため、気持ちよく仕事ができるようパソコンやデスク周りにはきちんとお金をかけています。

欲しいサイドテーブルが見当たらなかったので自分たちでDIY。最近はホームセンターの材料だけでよい雰囲気のものが作れます。DIYだとサイズも自分好みにできます。

休日はのんびりデイキャンプ。お金をかけずに楽しめるのも魅力ですが、自然の中、ピクニック気分でほっこりすると、リフレッシュできてとてもよいです。

わが家は夫婦ともに在宅仕事。パソコンやデスク周りはきちんとお金をかけます。作業効率にストレスは大敵。気持ちよく仕事ができるアイテムを重視しています。

私のごほうびポイント

年1回の旅行と休日の朝パン♪

年に1回、旅行を楽しんでいます。去年は与那国島へ行って息抜きしてきました。現在は、息子との初めての旅行を計画中です。

朝が弱い私は、朝ごはんを作るのが苦手。そのため、自分にご褒美したくなった休日は、ムリに朝ごはんを作らず、お気に入りのパン屋さんへ朝食を買いに行っています。

モノ選び RULE

長く使えるモノ、家族との思い出にはお金をかける

04 hana.ienote さん

profile

住まいも家計もシンプルにすっきり心地よくをテーマに日々の「暮らしやすさ」を模索しています。夫、子ども2人の4人暮らし。

買い物の際は「need」と「want」で取捨選択

家具は気に入ったモノが見つかるまで妥協せずに探し、大事に長く使っています。食器も気に入ったモノを少しずつ購入し日々どんどん使います。すでに我が家では10年使っている家具や食器もあります。買い物の時は「必要なモノ」か「欲しいモノ」かといったneedとwantを意識しながら日々取捨選択をしています。食材、日用品、子どもの学用品など、すぐに必要なモノはneedなのですぐに購入します。家具や食器のこだわりは、他の人から見たらwantかもしれないけれど、我が家ではneedになる項目。それらと丁寧にじっくり向き合うことで、お金の使い方を整理できると考えています。

将来子どもが自立した大人になるために、できる限りのことはしたいです。子どもが望み頑張りたいことを応援できるのは、親として幸せなことだと考えています。

買わないことを意識するより、「物凄く気に入ったモノを購入すること」に意識を向けると、驚くほどの満足感があると気付き、気に入ったモノを少しだけ持つようにしています。

家具を購入する際は、質感がよくシンプルで使い勝手がよいモノを選ぶようにしています。長く使いたいので、本当に気に入ったモノを買うよう心掛けています。

お金のかけかたポイント

旅先や我が家で過ごす家族との時間を大切に

子どもの成長に伴い、あと数年後には旅行も難しくなりそうなので、今は家族旅行に比重を置いた予算組みをしています。

家でのんびりとすごす時間も我が家にとっては大切なひととき。庭のリフォームを行い家族でガーデニングを楽しんでいます。

Column

見せて！ みんなのお財布

貯め上手な人はお財布も工夫されている。よくそんな話を耳にします。
そこで本書に登場する人にもお財布を見せてもらいました。

小さい財布で無駄を少なく

私も買い替えを検討している、夫のabrAsusの小さい財布。とても小さく手のひらサイズですが、意外にもお札・小銭・カード5枚が入ります。この財布にしてから余計なカードを持ち歩かなくなり、レシートも頻繁に取り出すようになったそうです。

（ピノ子さん）

2個所の札入れを使い分け

お財布はCINQのブラックの二つ折りタイプを愛用しています。カードの収納スペースが充実していることと、札入れが2箇所に分かれている部分が使いやすくてお気に入り。札入れの片方はレシートを溜めておくスペースにしています。

（akikoさん）

肩掛けタイプを愛用

左は現在メインで使っているお財布。たくさん買い物したときは両手が空いていたほうがラク。肩掛けできて便利です。持っている服にも合うシンプルな革素材が気に入って、大事に磨いて使っています。右はアクメで購入した大のお気に入り。ジャバラ式で仕切りが6つあるため、週ごとの現金を振り分けて使うのにピッタリ。今は分けなくてもわかるので使っていません。

（マキさん）

Part 5

心地よく過ごしながら豊かに過ごす
お金の年間計画

年間計画 RULE

日常の出費以外も夫婦で分担！イベントは工夫して上手に楽しむ

01 akiko さん

profile

ブログ「ワーキングマザー的整理収納＆北欧インテリア」主宰。パパが単身赴任の中、男児2人の育児と家事、仕事の両立に奮闘中。

外食代や旅行代は夫、子どものイベントなどは私が負担

我が家は共働きで、かつ夫が単身赴任中ということもあり、基本的に費目別で役割分担し、お財布は別にしています。基本的な分担は、保育料や光熱費、マンションの管理費などの固定でかかる費用は夫負担、食費や子供の学用品や洋服代など都度必要になる費用は私が負担という感じにしています。

日常的にかかる出費以外では、外食代や旅行代は夫、子どもの行事に関わる出費や病児保育代などは私という分担に。

あまりガチガチに細かく管理しすぎず、臨機応変に柔軟に、という感じが我が家にとってはちょうどよいバランスになっています。

akikoさんのお金の年間スケジュール

1月

自分の実家に帰省

パパの家族が我が家に集ってパーティー

お年玉を配る

もらったお年玉は子ども用貯金口座へ

2月

子どもたちが体調を崩しやすい時期

医療費、病児保育代がかさむ

子どもの健康に関わることなので今は割り切る

3月

パパの誕生日

4月

長男、次男進級

小学校は4月中旬までお弁当が必要

5月

連休は1泊2日で近場に旅行

子どもも小さいので遠方には行きません

長男運動会・次男親子遠足

結婚記念日

我が家のイベント費

我が家は子どもたちの誕生日が1週間違いなので、毎年その真ん中の週末に合同誕生パーティーをやります。プレゼントはもちろん別々ですが、パーティーはまとめて済ませられるので親としては助かります（笑）

楽しい上に
お金がかからない！

子どもがまだ小さいこともあり、親戚の集まりや友人や職場の同僚との飲み会は我が家でホームパーティー形式でやることが多いです。子どもが騒いでも気にしなくていいのに加えて、コストも抑えられるのが魅力。

6月

長男・次男の
合同バースデーパーティー

プレゼントは二人分。
好きなものを買ってあげます

7月

長男サマーキャンプ参加

8月

夏休みで民間学童の利用料アップ
次男の七五三写真前撮り

9月

次男運動会

お弁当は安く作れる
定番メニューで

10月

家族で近場に日帰りでレジャー

11月

長男・次男インフルエンザ予防接種

12月

クリスマスパーティー
職場の忘年会

クリスマスは
おうちで低コストで
楽しみます

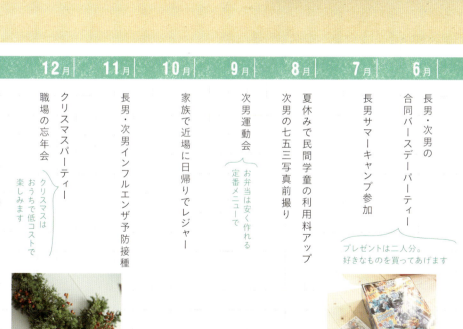

年間計画
RULE

メリハリをつけて楽しく節約♪ 好きなものに囲まれた毎日

02 ie___yさん

profile

eri（33）、夫（30）と兄弟（4）（2）の4人家族。あえて24坪の小さな平屋を建てました。片付けも掃除も苦手でしたが、長男を出産後に断捨離を始めて、持たない暮らしを意識するように。

ie___yさんの
お金の年間スケジュール

年の終わりの恒例行事として 翌年の年間支出予定を書き出し

年末に、翌年の年間の支出予定を書き出します。毎年ある税金の支払いや、家族の誕生日など、自前にある程度把握しておくようにしています。すると、支払いギリギリになって貯蓄が減ってしまうなどと慌てることがなくなりました。

保険や税金などの支出だけではなく、中には「主人の好物のうなぎを食べに行く」「家族旅行」などの楽しい予定も組み込んで楽しみにつなげています。

1月
正月休み。連休中のお出かけ予算を立てておきます

2月
バレンタインデー

3月

4月
固定資産税支払い
車検①

5月
主人の誕生日　プレゼント&外食
自動車税

コツコツお金を貯めて器を収集。このマグとコーヒーサーバーは、メルカリの売上金で購入したお気に入り♪

主人の誕生日は好物のうなぎを食べることが多いです

持たない暮らしを始めてから、全て自分のお気に入りのもので暮らしたいと思うように。ネットで流行しているものも私には必要かな？と自問自答して安易にものを増やしません。毎日使うものにこだわりたいので、今は少しずつ器を収集。

我が家のお金の使い方

パートをはじめてから、子どもたちと過ごす時間が減ったので、帰宅から就寝までの時間をとても大切にしています。お金を稼ぐことも大切ですが家族との時間やコミュニケーションも大切にしたいです。

稼ぐことも大切だけど、
家族との時間はもっと大切！

6月	子供服　衣替え夏服慎重
7月	長男誕生日 結婚記念日／自動車保険更新①
8月	お盆休み。お出かけ
9月	私の誕生日 外食費、ケーキは予算を立てて、プレゼント代は旦那さんにお任せします☆
10月	子ども服。衣替え冬服新調 長男は新調、次男はお下がり+足りない分を新調します。なるべくワンサイズ大きめを購入し、来シーズンも着れるように。
11月	家族旅行。近場で1泊予定 ケチケチせずに、多めに予算を組んで食べたいものを食べ行きたいところへ行きます
12月	次男誕生日&クリスマス 自動車保険②／車検②

年末にはシーズンごとの
お出かけや保険の支払いなどの
翌年度の支出予定表を書きます

年間計画 RULE

旅行やお出かけで思い出を残しながら暮らしの歳時記を大切に過ごす

03 hana.ienote さん

profile

住まいも家計もシンプルにすっきり心地よくをテーマに日々の「暮らしやすさ」を模索しています。夫、子ども2人の4人暮らし。

家族旅行の予算計画は年末に季節の行事も楽しみながら一年を過ごします

年末に翌年の家族旅行の計画を立て予算取りをしています。また、ここ数年は夏休みに友人家族達と旅行に出掛けています。それ以外は近くの公園や美術館、博物館などに出かけることもありますが、休日は家でのんびりすごすことも多いです。

子どものお誕生日はリクエスト料理を聞いて、自宅でお祝いをしています。毎回、ケーキは台だけ焼いて飾りつけは子ども達の担当。アドベントはお菓子を用意する、クリスマスはチキンとケーキを焼く、お正月はおせち料理、七草粥を食べる、節分には恵方巻、雛祭りには散らし寿司でお祝いするなど、暮らしの歳時記を大切にしています。

hana.ienoteさんのお金の年間スケジュール

1月

お年玉は一定額を渡し、残りは子ども達の通帳へ

セールで来年着られるサイズの洋服を購入

2月

節分。豆まきと恵方巻を用意

バレンタインデーに友チョコ用のブラウニー作り手伝い

3月

雛祭り。ちらし寿司と蛤のお吸い物でお祝い

ふるさと納税の確定申告

雛祭りのテーブルには桃の花をあしらって

4月

ノート、文房具など学用品の用意

子どもの誕生日には手作りケーキでお祝い

入学のお祝いを贈る

5月

妹家族が一時帰国、弟家族も招いて家でランチ

母の日にお花を贈る

家族旅行、沖縄へ

運動会、子ども達の大好きなモノをお重に詰める

鶏の唐揚、果物たっぷりが我が家の定番です

我が家のお金の使い方

＼年に一度の家族旅行を大切に！／

子ども達とすごす時間は長いようであっという間。思い出はずっと心の中に残り、折に触れて会話に出ると行ってよかったと思えます。

＼お祝いの食卓は存分に楽しみます／

クリスマスなどのお祝いのテーブルではクロスを敷いたり花を飾ったり。ローストチキンやラザニアなどを並べ家族でゆっくり食事を楽しむひとときが何よりの幸せです。

6月

お中元の手配
父の日に鰻を贈る
梅雨時、満開のアナベルをリビングに飾る

庭に咲くアナベルを家の中でも楽しんでいます

7月

宿泊体験学習の準備
縁日、夏祭り

8月

子ども達が心待ちにしている友人家族との旅行へ
友人宅での持ち寄りパーティー
帰省。近所の観光地へ

夏休みシーズンは子どもと楽しむイベントが沢山

9月

祖母に敬老のお祝いを贈る
子どもの誕生日、手作りケーキでお祝い

10月

ハロウィンイベントが楽しいディズニーシーへ
子どものアウターサイズ確認、
福袋チェック

11月

お歳暮の手配
今年分のふるさと納税申し込みを済ませる

年末に慌てないよう早めに済ませています

12月

チキンを焼いてクリスマスパーティー
お年玉用の新札、ポチ袋を用意
お年賀の用意

年間計画 RULE

季節ごとのちょっとした工夫でしんどくない節約を実践

04 hanaさん

profile

hana（ブロガー）と夫・子ども3人の5人家族。夫の収入面で親に結婚を反対されてからお金について真剣に向き合うように。著書「ずぼら主婦でもお金が貯まる! hana式袋分けファイル家計簿」（カンゼン）。

お金がかかる冬はなるべくイベント積立を残す

年始や新学期の始まる4月など、生活が切り替わる時に1年分の支出をリストしてそれぞれに予算を立てています。1カ月単位ではなく、1年単位で平均予算を作ることで、お金の流れが見えてきます。家計簿は毎日書かず、月1回貯金額の推移を確認。支出は予算を袋分けして、使ってよいお金を見える化することで使いすぎを防止しています。細かい節約をしたつもりがないのに、仕組みのおかげでどんどんお金が貯まっています。

1年の中で1番お金を使う冬(クリスマス・お正月・電気代)は、できるだけイベント積立が残るように意識しています。

hanaさんのお金の年間スケジュール

1月

鍋と冬野菜まるごと使い切りレシピでお正月明けの家計のピンチを乗り切り！安くてボリュームの多い大根や白菜は煮物や漬物などレシピもたくさん。

2月

裏起毛ゴム手袋なら冷たい水洗いもへっちゃら。便利グッズがあればちょっとした小さな節約も苦にならずに続けられる。

3月

手作りおやつで、節約を気にせずたっぷり作って食べるから疲れない。コーヒーメーカーを置けばお家カフェでいつでも至福の時間に。

手作りおやつならたっぷり食べられます♪

4月

子どもの誕生日には1番欲しい物をプレゼントしたいから念入りにリサーチ。いちごの季節なので、手作りケーキでたっぷり使っても平気♪

5月

1年分(4月〜翌年3月)の写真を整理してお気に入りだけネットで印刷注文。溜め込みがちなアルバム整理はかんたんな習慣に。

我が家のお金の使い方

予算立てシート
月平均の固定費・積み立てなど家計全体のバランスチェック
貯金簿
1年間の貯金額の推移と月ごとのイベントチェック
袋分け管理シート
いくら積み立てが貯まったか、このペースで足りるかチェック
人生家計簿
年ごとの貯金額の推移と年ごとのライフプランをチェック

毎日出ていくお金だけでなく、口座から自動で引かれていく電気代などの固定費、税金、年払いの保険料、イベントなど「使うお金」全体を意識するように気を付けています。固定費やイベント費の一覧は4枚のシートですべて管理。

優待をプチボーナス代わりに！

ÆON
OWNER'S CARD
イオン株主様ご優待カード

株式優待が魅力なショッピングモールのイオン株を購入。キャッシュバック、イオンラウンジ無料利用、配当金も年2回もらえて小さなボーナスのよう！ 使う・貯めるだけでなく、増やすことにも目を向けるように。

6月

ボーナスシーズンは定期預金が金利UP。しばらく使わないお金は積極的に定期預金に預け入れします。定期預金は元本保証だから気軽に利用。

7月

夏の間にカーテンなど大きな布ものをどんどん洗濯！ コートなどもホームクリーニングを丁寧に行いクリーニングと無縁に。

8月

夏は市民プールや海で遊びつつこっそり節約。のどが渇く季節はイオンモールの株主優待で使えるラウンジは助かる！

外に行かなくてもお家でカフェ気分を満喫

9月

友人宅へみんなで食べ物を持ち寄れば、少ない予算でも品数が多くなって満腹に。たまには心を許せる友人と集まってストレス発散〜！

10月

電気代が1番かかるのは冬の暖房。1人でいる時はエアコンよりひざかけタイプの電気毛布で節約。夜間電力を使って家事をすれば節約と同じ効果が。

11月

クリスマスからお正月にかけて、お金がかかるイベント盛りだくさんなので、早めにリサーチを開始。ネット通販サイトの楽天でリストアップしています。

12月

冬のボーナスシーズンも定期預金の金利がUP。ボーナス時期は楽天市場のスーパーセールもあるので、「セールが無くても購入していたか」を基準に購入。

プロフィール

akiko

ブログ「ワーキングマザー的整理収納&北欧インテリア」主宰。パパが単身赴任の中、男児2人の育児と家事、仕事の両立に奮闘中。
Blog　https://ameblo.jp/lifewithboys/
Instagram　@lifewithboys_ig

ie___yさん

eri(33)夫(30)と兄弟(4)(2)の4人家族。あえて24坪の小さな平屋を建てました。片付けも掃除も苦手でしたが、長男を出産後に断捨離をはじめて、持たない暮らしを意識するように。
Instagram @ie___y

ピノ子

夫と子ども(0歳)の3人家族。1LDKの小さな家を自宅兼仕事場にして暮らしています。ブログ「くらしにのらり」を運営。
Blog　https://kura-nora.com/

マキ

シンプルライフ研究家。広告代理店でテレワークをするワーキングマザー。不要なものは持たない、不要な家事はしない、シンプルな暮らしぶりを綴ったブログ「エコナセイカツ」が人気を博す。著書多数。全国での講演やアパレルブランドとのコラボ商品の開発など、幅広く活躍中。
Blog　http://econaseikatsu.hatenadiary.com/

Rin

2LDKマンションで夫と2人暮らし。マンション4LDKを2LDKにリフォームし、断捨離やDIYを進行中。ミニマリストではないけれど、シンプルですっきり暮らすために日々工夫を重ねる。整理収納アドバイザー1級。ライブドア公式ブロガーとして「Rinのシンプルライフ」を運営。著書「心地よく暮らす大人のラク家事」(KADOKAWA)。
Blog　http://www.rinsimpl.com/
Instagram　@rin_happy123

中山あいこ

岐阜県出身、東京都在住、ライブドアブログ公式ブロガー。ライフオーガナイザー®。"ずっと、心地のよい暮らし"をテーマに活動。家事も子育ても仕事も楽しむことがモットー。家族は息子(12歳)、娘(2歳)。
Blog　http://seikatsunomemo.com/

mikiko

フルタイムで働く2児の母。背伸びしない「暮らし」の考え方や回し方について配信中。

Instagram　@kurashigoto_

ごえもんママ

2009年に結婚、2010年4月に第一子出産。私(37)と夫(38)、長男(7)次男(2)の4人家族。フルタイムの共働き。結婚後やりくりに目覚め、試行錯誤しながら「家族が楽しく幸せなのが一番」をモットーに、自分らしいやりくりを模索してきました。趣味は映画鑑賞、懸賞、株主優待、ブログ、海外旅行。お得なことが大好きです。

Blog　https://39.benesse.ne.jp/blog/1345/

Instagram　@fm.march

hana

hana(ブロガー)と夫・子ども3人の5人家族。夫の収入面で親に結婚を反対されてからお金について真剣に向き合うように。著書「ずぼら主婦でもお金が貯まる! hana式袋分けファイル家計簿」(カンゼン)。

Blog　https://zuborasyuhu.com/wp/

hana.ienote

住まいも家計もシンプルにすっきり心地よくをテーマに日々の「暮らしやすさ」を模索しています。夫、子ども2人の4人暮らし。

Instagram　@hana.ienote

■商品に関する問い合わせ先

インプレスブックスのお問い合わせフォームより入力してください。

https://book.impress.co.jp/info/

上記フォームがご利用頂けない場合のメールでの問い合わせ先

info@impress.co.jp

●本書の内容に関するご質問は、お問い合わせフォーム、メールまたは封書にて書名・ISBN・お名前・電話番号と該当するページや具体的な質問内容、お使いの動作環境などを明記のうえ、お問い合わせください。

●電話やFAX等でのご質問には対応しておりません。なお、本書の範囲を超える質問に関しましてはお答えできませんのでご了承ください。

●インプレスブックス（https://book.impress.co.jp/）では、本書を含めインプレスの出版物に関するサポート情報などを提供しておりますのでそちらもご覧ください。

本書の記載は2017年12月時点での情報を元にしています。そのためお客様がご利用される際には、情報が変更されている場合があります。紹介しているハードウェアやソフトウェア、サービス、製品の使用方法は用途の一例であり、各メーカーの推奨する使用方法ではない場合があります。すべての製品やサービスが本書の手順と同様に動作することや内容に関して何らかの保証をするものではありません。また、本書掲載の製品はすべて私物です。現在入手できない場合があります。あらかじめご了承ください。

STAFF

装丁　赤松由香里（MdN Design）

本文デザイン　赤松由香里（MdN Design）
高八重子

協力　山崎理佳
（P16〜38 執筆・撮影）

編集　和田奈保子

編集長　高橋隆志

■落丁・乱丁本などの問い合わせ先

TEL　03-6837-5016 ／ FAX　03-6837-5023

service@impress.co.jp

（受付時間／ 10:00-12:00、13:00-17:30 土日、祝祭日を除く）

●古書店で購入されたものについてはお取り替えできません。

■書店／販売店のご注文窓口

株式会社インプレス 受注センター

TEL　048-449-8040 ／ FAX　048-449-8041

株式会社インプレス 出版営業部

TEL　03-6837-4635

パパッと楽しく、貯め上手

わたしの「お金」ルール

2018年1月21日 初版第1刷発行
2018年4月11日 初版第3刷発行

編者　インプレス書籍編集部

発行人　土田米一

編集人　高橋隆志

発行所　株式会社インプレス
〒101-0051　東京都千代田区神田神保町一丁目105番地
ホームページ　https://book.impress.co.jp/

印刷所　図書印刷株式会社

ISBN978-4-295-00307-6 C0077

Printed in Japan

インプレスグループ ありがとう 25周年